AFRICA-CHINA RELATIONS

非中关系

新殖民主义还是战略伙伴？

——以埃塞俄比亚为案例分析

[埃塞]范塔洪 / 著

刘继森 曾驭然 梁立俊 董俊武 / 译

世界知识出版社

图字：01-2018-5500 号

图书在版编目（CIP）数据
非中关系：新殖民主义还是战略伙伴？：以埃塞俄比亚为案例分析 /（埃塞）范塔洪（Fantahun H. Michael）著；刘继森等译 . —北京：世界知识出版社，2018.8
ISBN 978-7-5012-5782-9
Ⅰ . ①非… Ⅱ . ①范… ②刘… Ⅲ . ①中外关系—研究—非洲 Ⅳ . ① D822.34
中国版本图书馆 CIP 数据核字（2018）第 163428 号

书　　名　非中关系：新殖民主义还是战略伙伴？

作　　者　［埃塞］范塔洪　著
译　　者　刘继森　曾驭然　梁立俊　董俊武

责任编辑　王瑞晴　蔡金娣
责任出版　王勇刚

出版发行　世界知识出版社
地址邮编　北京市东城区干面胡同 51 号（100010）
电　　话　010-85112689（编辑部）
　　　　　010-65265923（发行部）　010-85119023（邮购电话）
网　　址　www.ishizhi.cn
印　　刷　北京虎彩文化传播有限公司
经　　销　新华书店
开本印张　710×1000 毫米　1/16　　12 印张
版次印次　2018 年 12 月第一版　2018 年 12 月第一次印刷
标准书号　ISBN 978-7-5012-5782-9
定　　价　68.00 元

前　言

2015年，当我作为中国驻非盟首位经济和发展合作参赞前往埃塞俄比亚时，非盟（AU）的范塔洪大使是我在当地结识的第一位高级官员，随后我们逐渐成为好友。

众所周知，早在20世纪50年代到70年代，中非在政治和经济领域的关系已得到进一步巩固。尽管时过境迁，如今中非依旧相互依存，追求共同的利益，中非合作发展面临着历史性的发展机遇。近年来，中国对非投入已超过200亿美元，帮助非洲国家改善基础设施建设、农业和制造业等。此外，中国还致力于发展非洲教育、减贫和改善公共卫生环境。例如，在西非埃博拉病毒爆发期间，中国派出了六支医疗队帮助非洲控制疫情，并承诺在不久的将来为整个非洲建立疾病控制和预防中心。中国政府援建非洲联盟新的会议中心，体现了中非真诚的友谊。中国首条标准跨境电气化铁路——“亚吉铁路”（亚的斯亚贝巴—吉布提）是东非国家的经济命脉。从我与范塔洪大使的互动中，我感受到了一种强烈的情感，这是中国与非洲伙伴关系的体现。

这本《非中关系：新殖民主义还是战略伙伴？——以埃塞俄比亚为案例分析》记录了过去半个世纪中非间的深厚友谊。基于他自己过去的经历，范塔洪大使见证了中国如何帮助非洲发展。他是埃塞俄比亚人，因此在考察中非关系时用埃塞俄比亚作为案例分析研究。本书探讨中非关系如何基于全面战略合作伙伴关系。中国旨在发展真正的合作伙伴关系，围绕共同利益促进有效交流与理解，而非新殖民主义。

范塔洪大使出生在农村，在那里基本的社会需求无法被满足。然而，他凭借自身的努力和艰苦的工作，取得了巨大的成就。范塔洪有着丰富的外交经验，在过去的25年里，他处理了国家或国际层面的外交事务。他曾是埃塞俄比亚驻朝鲜民主主义人民共和国和驻津巴布韦的大使。他还是一位学者，撰写了大量的研究著作，涉及多学科领域。正因为他在学术上颇有造诣，在外交上经验丰富，所以他能从不断变化的全球视角来审视非洲利益。这本书以埃塞俄比亚为案例探究中非新关系，审视中非关系动态发展，有助于阐释涉及中非关系的议题。

作为范塔洪大使的好友，我非常荣幸受邀为此书撰写前言。当前中非都肩负增强各自国家的实力、提高本国人民生活水平的使命。为谋求双边日益增长的利益，我们希望开创合作双赢的新时代，巩固中非友谊桥梁，关键是强化中非关系，我们一起工作，将中非新型战略伙伴关系提升为全面战略合作水平。范塔洪拥有非同寻常的经历和渊博的学识，我非常相信他精彩的作品一定能给读者以启发。我非常赞许范塔洪大使对中非关系的阐释，即中国与非洲合作是基于两国共同的利益，而不是新殖民主义。

March 1, 2017

中华人民共和国驻非盟代表团合作和交流办公室参赞

范塔洪 H. 米歇尔和陈宁

致 谢

在许多人的帮助下，我完成了这本书的写作。如果本书具有任何学术价值，这主要得益于顾问们的指导与批评，他们来自美国夏威夷的大西洋国际大学，自研究开始就一直耐心指导我，并密切跟进调研进度，协助我完成写作。我对他们的智力贡献和热情鼓励予以真挚的谢意。

我同样要感谢大学的学术部和学生服务部，感谢他们给予我特别的、持续的支持。作为一名大西洋国际大学的学生，很荣幸能接触到众多的科研作品并从中受益，我想感谢所有参与评估这部作品的人，感谢你们让我的调研工作变得有价值。

我还要感谢非盟图书馆的朋友们，感谢他们密切协助我收集必要的材料和书籍。同时，我还要感谢大西洋国际大学网上图书馆为我的调研提供丰富的文档资源。我还要向我的家人和同事致谢，感谢他们一直以来的支持和鼓励，在此特别感谢我的妻子 Tiruwork Nimani，和我的孩子 Nebiyou、Zinash、Michael、Selam、Emnet，他们的支持、理解、爱和灵感是我完成作品的巨大动力。因此，我把这本书献给他们。

没有上述人员的支持，我的研究工作根本无法完成，特此鸣谢。

免责声明：本文仅代表作者个人观点。

范塔洪·H. 米歇尔

2012 年 11 月

目　录

第一章　引　言

研究背景

近十年来，中国对非影响力日益增强，这反映了中国作为大国在崛起。伴随着经济高速发展，中国成为当今世界第二大经济体，并在全球地缘政治舞台上发挥越来越大的作用，世界各地围绕中国的发展道路、外交政策以及其如何影响包括非洲在内的其他国家，展开了越来越激烈的辩论。中非传统友好历史悠久。中国为非盟埃塞俄比亚亚的斯亚贝巴总部捐赠新的会场和办公楼，象征着非中长期的合作伙伴关系。中国人民和非洲人民一直以来在争取民族独立、国家建设和社会经济发展方面互相支持，此外，双方还享有共同的历史价值观，这也为双方之间良好关系的发展奠定了基础。

中国现在拥有 13 亿多人口，是世界上最大的发展中国家，而非洲拥有 10.2 亿人口，有 54 个国家，是世界上发展中国家数量最多的大洲。回顾双方关系的背景：1955 年的印度尼西亚万隆会议（Bandung Conference）是中国和发展中国家结成战略联盟对抗西方的历史里程碑。这是中华人民共和国首次与六个非洲国家代表在会议上面对面交流。这次会议打开了中国援非的窗口，随后中国为非洲国家及其解放运动提供经济、技术、政治和军事支持。

自冷战结束和苏联解体以来，非中长期以来保持的传统关系，戏剧性地成为一种新的历史现象。国际情势以及非中双方发生的变化和新发展为非中关系的蓬勃发展提供了良好环境。然而，非中在发展程度上存在巨大差距。中国经济正高速发展，使国内数亿人脱贫，并不断扩大全球足迹，中国逐渐发展为一个现代化、全球性的大国。相比之下，尽管大多数非洲国家致力于摆脱全球经济边缘化的困境，但依旧面临发展、长期贫困和其他社会经济病等多重挑战。基于经济学矩阵，传统观点认为落后国家在发展上重复"恶性循环"：大量资金用于生存生产，抑制了储蓄积累；低储蓄意味着（物质和人力资本上的）低投资；低投资阻碍经济增长。（联合国贸易与发展会议 2004：概述）这种观点适用于解释非洲的发展现状，非洲境内的经济体通常很小，整合不良（非洲国家内部，与全球经济之间），投资匮乏，欠发达。

既然如此，那么中国为何要与非洲维持现阶段的友好关系呢？这些关系又将如何发展呢？最重要的是，这种关系对非洲的发展有什么影响呢？从政治上讲，非洲和中国在冷战时期之所以能建立纯粹的关系，是因为两方拥有共同的意识形态和社会发展方式，另外中国与苏联争取在非的影响力和特权。受意识形态的驱使，中国有成为第三世界"不结盟运动"领导的崇高理想。相比之下，非中现今的关系更多是出于实用的经济需求而远非意识形态。从这一视角看，中国领导人首要关注的是国家利益和地缘战略考量以满足自身持续的经济增长和工业发展。

再看看非洲的经济背景，非洲的国际关系在不同历史阶段经历过冲突、暴力和战争，这对非洲现今的发展产生了巨大影响，后文我会详细讨论。致使非洲陷入灾难的因素包括：16 和 17 世纪欧洲的跨大西洋奴隶贸易 ;1884 年柏林会议新殖民主义兴起，欧洲列强瓜分非洲大陆；在后殖民主义情形下，尽管非洲国家陆续实现民族独立，但殖民主义的遗留问题，如薄弱的治理机制、民族冲突、政治动荡等对非洲政治、经济和社会发展产生了持续的负面影响，使得非洲经济发展模式单一，以农业为主，并且依赖欧洲。

非洲依赖少量商品出口来满足外汇需求和偿还债务，致使贸易条件长期得不到改善，进一步加剧经济发展的困境。供给不足，尤其是实体和商业基础设施薄弱，人力资源发展水平低下，抑制了市场一体化和投资前景。长期的国际收支困难，主要表现为活期存款账户的巨额赤字，抑制了非洲进口商品和服务的能力，严重影响国内生产和消费水平，“恶性循环”不断被加重。（Nnadozie and Elhiraika, 2005）如何刺激国内储蓄和投资，促使经济长期高速增长，是非洲面临的另一重大挑战。非洲一直在努力吸引大量外资，然而自 20 世纪 70 年代以来，其出口水平不断下降。相比于其他发展中国家，非洲对外国直接投资的吸引力甚微。另外，外国给予非洲的援助对非洲的发展更是弊大于利，原因在于获得援助的渠道混乱，资金未得到有效利用。

更重要的是，外国尤其是前殖民国家对非洲的直接投资大部分限制在自然资源开发这一领域。非洲尽管得到援助，却无法自由利用资金实现经济多样化、产业升级、生产率提高和经济增长。西方国家及其公司通过开发和对自然资源（如石油、矿物和农产品）的控制，导致资本大规模从非洲大陆流出，物价不稳，致使非洲经济进一步衰退。非洲经济还受到来自西方和国际金融机构设置的经济和政治条件的制约，如 20 世纪 70、80 年代的国际货币基金组织和世界银行。基于此，非洲如若要从国际货币基金组织和世界银行那里获得援助和贷款，必须严格与一些前提条件相联结，比如众所周知的结构调节计划（SAPs）。

冷战结束后，非洲经济异常脆弱，于是有一种观点甚嚣尘上，即非洲需要外国援助来确保其安全，而随后的内部冲突与社会动荡更是加深了这种认识。于是非洲采取了新的驱动型援助政策，这一政策对非洲国家的对外政策的制定和国际外交产生了严重的后果。援助的出现以及在对外政策中经济问题被非经济考虑侵蚀，忽略了非经济因素的边际作用，与主要经济问题相关联的政策日益失控，使其主权面临巨大威胁。

然而，伴随着 21 世纪的到来，非洲发展出现转机。2002 年非洲领导人提出倡议，为实现非洲复兴，发起非洲发展新伙伴计划（NEPAD），旨在表达非洲人自主驱动型发展议程，加强非洲大陆与其发展伙伴间的议价能力，其中包括西方工业国家和南方新兴经济体。2002 年非盟成立，旨在促进非洲政治和经济一体化进程，推动和平、安全与发展进程，加强非洲的国际伙伴关系。

另一方面，中国在经历长达六十年的曲折发展后，如今成为世界经济和政治大国。中央计划经济被市场经济取而代之。1979

年标志着现代中国经济改革的开始，推动其经济增长。中国的经济崛起归因于不断深化的改革，政党卓越的领导，大规模的资本投资和不断提高的生产力。

那么现在问题是非中关系的驱动因素是什么？从中国的角度来看，有两个因素，即中国的外交战略和非洲战略的重要性。中国的“走出去”战略旨在与各国建立政治、经济合作关系，取代冷战模式以权力和统治为核心的大国关系。中国对非战略考虑以下五点因素：第一，培育和扩大地缘政治影响力，以促进国家利益；第二，持续利用非洲大陆丰富的自然资源；第三，开拓拥有超过 10 亿的人口迅速扩张的非洲市场；第四，在“一个中国”政策的基础上，提高自身在非洲的政治合法性，增强政治影响力，以使台湾边缘化；第五，非洲作为在全球政治平衡中的关键实力极之一，与其合作有利于为南南合作创造新的轴心。（Pere，Garth L，2007）

从战略观点来看，中国将非洲视为全球政策的一支重要的战略力量。然而，批评者认为，中国与非交好的主要动机是获取自然资源（尤指石油和其他矿物资源）以支撑其日益增长的经济，挑战美国在非的实力。本文将深入地考察了这一点。而且，历史参数能较好地解释非洲向来是大国重大战略考量的因素。自然资源丰富，非洲在联合国占有三分之一的席位，在不结盟国家中占有一半的席位，因此非洲的战略重要性不可小觑。这也是中国对非越来越感兴趣的原因。

从非中关系的特征来看，从 20 世纪 90 年代开始进入历史新纪元。双方之间既没有殖民历史，也没有对彼此抱有心理偏见。

在政治上，非洲需要中国这样日益强盛的世界大国作为盟友，以支持其在国际舞台上发展，从而推进非洲议程；而中国也需要非洲这样的盟友来增强其国际地位的合法性和影响力。在经济上，非洲希望获得中国的投资，以发展自身的经济。因此，非中关系是建立在共同的利益和发展的基础上的。事实证明，基于伙伴精神，非中关系过去十年取得长足发展，双方在贸易、投资和科技领域不断加大合作。各类政策机制被设计出来以强化非中关系不断取得丰硕成果。由此可见，中国对非洲的发展贡献显著。

在过去十年，非中贸易额从2000年的100亿美元增加到2011年的1600亿美元，预计到2012年底将增加到1700亿美元，中非贸易合作为非洲出口创造巨大的市场，为非洲创造巨额收入。一方面，非洲对华出口商品享受优待；另一方面，中国对非发展援助和优惠贷款的数量显著增加，中国的银行扩大对非贷款以鼓励贸易和投资。中国政府提供的软贷款从2006年的50亿美元增加到2012年的200亿美元。中国对非洲在投资、教育、卫生、能源和通信领域的投入也颇有成效：中国在非直接投资累计超过150亿美元；投资项目覆盖50个非洲国家。中国对非的贡献显而易见，这也难怪在当今世界十大发展最快的经济体中，有七个是非洲国家。

然而，正如书中所提，有一些批评人士，尤其是西方的批评人士，他们质疑中国与非交好的动机，认为中国并非寻求伙伴关系，而是旨在实施新殖民主义，他们认为中国试图干涉非洲发展的多个领域，以实现控制非洲大陆的野心。为了验证这一观点是否具有真实性，本文以埃塞俄比亚与中国的关系为例，对这一问题开展调研。自 1991 年以来，埃塞俄比亚与中国的关系不断深化，中国对埃塞俄比亚的直接投资额不断增大，贸易和投资活动不断扩大，尤其是基础设施和能源领域。因此，埃塞俄比亚与中国的关系具有代表性，无论基于何种标准衡量，都能作为分析非中关系的典范，这也是本书选择埃塞俄比亚作为分析对象的原因。

研究目的

该研究以探究非中关系的性质为目的，以质疑中国活跃于非洲大陆动机的言论为研究内容，旨在调查和分析非中关系在性质上究竟是新殖民主义还是战略伙伴关系。

之所以选择这个话题，是因为学术界、政治领导人、外交官和专家对中国活跃于非洲大陆的动机越来越关注，他们认为中国的行为对非而言既是机遇又是威胁。本文涉及两个方法论问题：一、评估目标是什么；二、为什么西方国家格外关注中国与非洲的接触。实际上，长期以来，非中关系并未受到学术界的广泛关注，关于非洲国家国际关系的文献主要与西方相关。我发现涉及中非关系的现行文献大多单一讨论利益问题，因此该研究在内容上具有独创性，且具有现实意义。

中国的全球影响力越来越大，其与非洲的接触越来越频繁，探讨非中关系成为研究非洲大陆国际关系的新流派，“中国究竟给非洲带来机遇还是威胁”这个命题极具有研究意义，毫无疑问会引起学术界的广泛关注。

随着中国的全球影响力的激增，中国在非行为成为研究非洲国际关系的一种新体例，“中国给非洲带来了机遇还是威胁”引起了广泛关注。

鉴于中国在极短时间内一跃而成为大国，对世界的影响力日益增强，与非洲的交往越来越密切，我认为该研究势在必行，以期对非中关系的研究献上一份绵薄之力。鉴于该研究所能参考的文献十分有限，开展任何关于非中关系的研究工作都将是一项艰巨的任务。

该研究以埃塞俄比亚与中国的关系为例，评价中国在非的行为与动机，分析中国的对非政策对中非关系以及非洲经济发展的影响。

该研究的具体目标如下：

· 描述中国对非政策的发展趋势。

· 评估中国与非洲国家双边和多边的政治与外交活动的趋势。

· 审视中国向非洲提供贷款和援助的方式、目的。

· 评估非中在贸易、投资等领域不断巩固的关系及其带来的影响。

· 找到威胁非中友好关系的潜在因素。

· 评估中国对非洲发展做出的总体贡献。

· 以埃塞俄比亚和中国的关系为例，审视中国在非作为。

· 考察关于中国对非政策动机的不同观点。

· 根据研究结论提出政策建议。

· 最后发表关于中国推动非洲地方、国家乃至国际层面发展的个人见解。

研究方法和数据

该研究收集了来自各种渠道的二手数据。本研究采取描述统计技术和定性方法分析数据。本研究的分析结果基于非中关系的实证研究，尤其是针对埃塞俄比亚与中国关系的调研，以及适当讨论和评估工作。本研究的主要数据来源于中国商务部、中国大使馆经参处、埃塞俄比亚投资局、埃塞俄比亚贸易部。在分析中非关系以及埃塞俄比亚与中国的关系时，笔者使用了来自各种渠道的有价值的一、二手资料，涉及政治、外交、经济和社会领域；在分析中非经济关系，尤其涉及贸易、不同领域的投资包括基础设施、制造业、通讯、教育和医疗领域的投资，以及发展援助的时候，笔者的资料主要来源于埃塞俄比亚亚的斯亚贝巴的非盟图书馆和美国夏威夷火奴鲁鲁大西洋信息大学的在线图书馆。

在撰写论文之前，笔者已经仔细研究过这些材料的可靠性和可用性。

研究范围和局限

本研究关注以下问题：

· 简要介绍非洲、中国与埃塞俄比亚的经济状况，以描绘非中关系、埃塞俄比亚与中国关系演进的清晰图景。

· 分析 20 世纪 90 年代后非中关系的发展。

· 关注非中经济关系。

· 明确持续发展的战略伙伴关系带来的发展机会，审视用于加强战略关系的贸易交流、投资、拨款和援助、多边机制的程度以及其对非洲发展的影响力。

· 全面评价两方关系并提出建议。

研究框架

本书分为七章。第一章是绪论，概述研究概况、研究目的和研究框架。第二章为研究的理论框架，分为两个板块。第一个板块阐释新殖民主义和依附理论，第二个板块阐释战略伙伴关系的概念，主要用于分析“中国对非政策究竟是出于新殖民主义的目的，还是寻求战略伙伴关系”。第三章概述非洲和中国的经济形势，即非中关系的背景，旨在评估近年来中国和非洲的经济发展状况是如何影响非中关系的。第四章通过概念化中国在非的经济行为，分析非中关系，并评估中国行为对非洲经济发展的影响。第五章以埃塞俄比亚与中国的关系为例，在理论框架（第二章）指导下评价中国在非经济行为对非洲经济发展的影响。第六章审视有关中国在非行为动机的不同观点并进行评价。第七章总结研究成果，对未来研究工作提供建议，发表关于中国推动非洲地方、国家乃至国际层面发展的个人见解。书的最后附参考文献。

第二章　理论框架

在本章，笔者首先阐释与本研究目的有关的三个理论与概念：新殖民主义、依附理论和战略伙伴关系；其次笔者在国际关系的政治经济学背景下，为本研究奠定理论框架，以便评估非中关系的本质与特征，以及非中关系在冷战结束后的演变。本章将有助于证明非中关系是新殖民主义还是战略伙伴关系。

新殖民主义

有关新殖民主义的概念和著作兴起于 20 世纪 60 年代的殖民时期，由马克思主义理论家提出，被视为“当代帝国主义”的同义词，是一种通过经济、文化方式实现间接控制的手段。这个概念在 20 世纪后半叶普遍适用于非洲，并且被政治学学者进一步研究与发展。得益于马克思主义思想的启发，该概念具有若干理论影响力。然而，新殖民主义这一概念颇具争议，它涉及多个方面，通常被用来表达对西方的任何不公正和压迫行为的指责。与殖民国家对殖民地的直接控制体系相反，新殖民主义通过在经济、文化领域的依附，实现间接控制。罗伯特·杨（Robert

Young, 2001）、比尔·阿什克拉夫特（Bill Ashcroft）、加恩里·格里菲思（Gareth Griffiths）和海伦·泰芬（Helen Tfin, 1998）等新殖民主义研究学者认为，新殖民主义使得前殖民者通过管理本土精英持续控制前殖民地，前殖民地人口被用于投入劳动力资源或者开发资源，为殖民国家生产物质或者文化商品。

该领域的学者一致认为，尽管“新殖民主义”这一概念难以明确界定，但加纳第一任总统克瓦米·恩克鲁玛（Kwame Nkrumah, 1960–1966）对此的阐述具有说服力。他认为新殖民主义是帝国主义的最后阶段（1965）：

> 新殖民主义下的外国资本主义意欲剥削欠发达国家，而非促进共同发展。尽管新殖民主义时期的投资额增加了，但世界贫富差距却丝毫没有缩短。对新殖民主义的抗争不是阻止发达国家的资本流入欠发达国家，而是防止发达国家利用金融实力限制欠发达国家的经济发展。

恩克鲁玛认识到，尽管非洲国家实现民族独立和拥有国家主权，却没有实质性改变与殖民国家的关系，非洲依旧没有摆脱列强的控制。随后，他意识到：殖民国家正式承认非洲国家独立的行为反倒创造了一种依附和剥削制度。在这方面，恩克鲁玛补充了以下几点：

- 新殖民主义继续控制新兴独立国家的事务。
- 在大多数情况下，新殖民主义隐藏在经济和货币手段中。例如，新殖民主义控制下的土地成为帝国出口的目标市场。

· 实施新殖民主义的除了前殖民国家，还有包括美国、国际金融货币组织在内的潜在的新统治者。

· 由于超级大国的核能力势均力敌，双方以“有限战争”的形式发生冲突，而新殖民主义统治下的区域经常成为“有限战争”的场所。

· 由于新殖民主义领域的上层统治精英屈服于新殖民国家的统治，当地人民的需求往往被忽视，使得诸如教育、发展和贫困等生活条件的问题得不到解决。

新殖民主义概念化理解为不是一种直接的军事控制或间接的政治控制，而是利用资本主义、商业全球化和文化帝国主义来控制一个国家的地缘政治。（解释来自于维基百科）进一步细化后殖民研究也很重要，新殖民主义这一概念还涉及发达国家对发展中国家在社会、经济和文化领域的支配。

许多人仍然认为，尽管殖民主义已经结束，但前殖民国家仍沿用不合理的旧机制，或新的国际经济机制支配前殖民地，这样的行为还体现在西方资本主义企业在发展中国家经济中的不合理的发展，即跨国公司继续利用当地自然资源和劳动力。这种经济控制本质上属于新殖民主义，这样的做法在16世纪到20世纪被英国、法国和其他欧洲国家广泛使用。（联合国大会第1514和1541号决议）

新殖民主义批评者进一步解释说，跨国公司的投资对发展中国家的人道主义和生态环境带来巨大的破坏，致使发展中国家经济上依赖国外市场和大规模的贸易协定，无法实现可持续发展，陷入永久的发展困境；而这种依赖性还限制了发展中国家的经济发展模式，除了提供廉价劳动力和原材料，这些国家缺乏先进的生产技术发展本国经济。批评家还认为，新殖民主义允许一些国家支持组织的卡特尔，如世界银行和国际货币基金组织，通过为欠发达国家提供尚未支付的国家债务和贷款条件，实现控制与剥削的目的。（维基解密关于"新殖民主义"的解释）像罗德尼（Rodney）和阿明（Amin）这些学者认为，富有的西方工业化国家通过新殖民主义控制非洲国家的经济，通常采用几种方式，使非洲国家成为原材料的出口国而没有定价权。而开采和出口矿物并不利于非洲经济发展，因为西方国有企业从非洲采购矿石，然后运往欧洲或美洲加工为制成品，再以增值价格卖给非洲的消费者。

许多学者的理论认为，新殖民主义的另一种方式是外国援助。许多非洲国家获得民族独立后，经济上面临发展困境，于是向欧洲或者美洲寻求援助。大量证据表明，大多数外国援助是以高利率贷款的形式提供的，并有严格的附加条件。许多人认为外国援助阻碍了非洲经济发展，因为非洲国家尽管以出口原材料为代价却并未获得投资与技术上的帮助，工业发展也一直停滞不前。

另外，实施新殖民主义的统治者除了前任殖民者，还有包括其他西方国家，如美国。许多理论家认为，西方国家不断加大援助力度，加大对非洲国家内政的干预，旨在达到控制的目的。在直接殖民统治下，中心和外围的关系或者大都市和卫星城的关系，被认为是资金从中心流向外围，殖民地又依赖西方制造的商品和服务，这种统治阻碍了当地的经济发展；而在新殖民主义统治下，新兴独立国家贸易条件不断恶化和持续的文化西化，保证了殖民地宗主国商品的市场销路。（维基百科）在第三世界运作的跨国公司也被视为当代新殖民主义的主要代理人，因为它们利用当地资源，影响当地在国际贸易中发挥资源优势。还有分析认为，殖民国家利用国际法，公司财产权和西方主要商业银行的权力，保持着对依附国的经济控制。

依附理论

众所周知，新殖民主义与依附理论，即中心—外围理论在解释发达国家与落后国家的经济关系上，有一定的共通之处。依附理论于20世纪50年代后期萌芽，由劳尔·普雷比什（Raul Prebisch，1964）提出，劳尔是联合国拉美经济委员会的主任，也是一名自由改革者，他和他的同事致力于探究先进工业化国家的经济增长能否推动欠发达国家的经济发展。他们的研究表明：先进国家的经济活动往往导致落后国家出现严重的经济问题。新古典主义理论并没有预测到这一情况，相反，新古典主义认为经济增长对任何一方都是有益的，尽管各方获利不一定均等。（Ferraro, Vincent, 2008, pp58-64）

劳尔对这种现象的解释十分简明扼要：先进国家从落后国家进口初级商品，这些商品经过加工制造又被出口到落后国家。根据他的理论分析，生产可用商品获得的附加值总是高于生产这些商品所用的成本（即初级商品的价值）。因此，落后国家永远面临贸易逆差。劳尔认为，落后国家因此应该采取进口替代政策，以减少对先进国家的经济依赖，发展经济多样化。

值得注意的是，依附理论在解释落后国家为何无法脱贫这一问题上，说法不一。传统的新古典主义观点认为，落后国家较晚接触现代经济学，只要他们掌握现代经济学的技术就能脱贫。然而，马克思主义理论家（Andre Gunder Frank, 1979）认为，资本主义的剥削致使落后国家无法摆脱贫困。受马克思主义解释世界政治视角的影响，一种名为世界体系理论的新思想体系（Wallerstein, Immanuel, see in John Baylis and Steve Smith, 1999, pp125–145）认为，国际政治经济进化到公平严格的国际分工，致使落后国家受到先进国家支配，长期陷入贫困。特奥托尼奥·多斯桑托斯（Theotonio Dos Santos）从历史维度定义依附理论："依附性是塑造世界结构的一种历史条件，经济上表现为放任一些国家，这些国家以损害依附国家的利益，限制从属经济发展的可能性为代价，发展和扩张本国经济。"（Dos Santos, Theotonio, 1971, p226）

文森特·费拉罗（Vincent Ferraro，2008）指出，尽管依附理论的定义众说纷纭，但学术界普遍承认依附理论具有三个共同特征。

第一，依附理论将全球划分为两类国家，即主导国和依附国，或是中心国和外围国，或是都市国和卫星国，不同学派在表述上稍有不同。中心国家是经济合作与发展组织（OECD）的先进工业国家，外围国家是拉美、亚洲和非洲国家，这些国家人均国民生产总值较低，严重依赖出口单一或有限的商品来换取外汇收入。

第二，先进工业国家利用诸如跨国公司、国际商品市场、外国援助、通讯等手段在海外谋取经济利益，这些手段对外围国家的经济活动有帮助。

第三，中心国家和外围国家的关系是动态的，两者的联系越来越紧密，关系越来越不对等。而且依附性伴随着资本主义的国际化不断演化。苏珊·博登海默（Susanne Bodenheimer）引用了一个拉美的例子，来解释依附性是一个持续的过程：自 16 世纪以来，拉美的发展一直受先进国家主导，正是这种先进国主导的国际体系致使拉美得不到良好的发展。（Bodenheimer, Susanne, in Vincent, Ferraro, 2008, pp58-64）

大多数研究依附理论的学者认为，国际资本主义推动了依附关系的发展。早期依附理论家安德烈·盖德·弗兰克（Andre Gunder Frank）基于该推断，做出如下解释：历史研究表明，外围国家经济欠发达的历史原因在于其与中心国家长期以来保持经济或其他领域不对等的关系，而这些关系又是建立全球资本主义体系中不可缺失的一环。（Frank, Andre Gunder, 1972, p3）

安德烈·盖德·弗兰克认为，资本主义制度催生了严格的国际分工，致使世界上许多国家发展不足。他进一步强调，外围国家不仅为中心国家提供廉价矿产、农产品和劳动力，还成为中心国家转移剩余资本、过时技术和制成品的储存库。货币、商品和服务从中心国家流向外围国家，表面上似乎有利于外围国家的经济对外发展，但实际上这些资源依旧被中心国家掌控，一切分配以中心国家的经济利益为核心，外围国家并不能自主利用资源发展本国经济。正如安德烈·盖德·弗兰克所阐述的那样，资本主义认为只有分工才能实现资源的有效利用，而这势必会导致落后国家发达动力不足，比较优势学说体现了这一推断的合理性。

既然如此，那么当前面临的问题是落后国家如何在当今国际体系下发展本国经济呢？落后国家是否应采取与西方自由经济政策背道而驰的新发展战略呢？这些问题以及相关话题将在后面的章节讨论。

战略伙伴关系

战略伙伴关系与前面讨论的两个概念在内容上和涉及的方面都截然不同。战略伙伴关系是国际关系领域的一个新概念。长期以来，“战略”一词被用于一国的外交和安全政策领域，用于表示各国为实现共同利益而结盟的伙伴关系。在商业活动中，“伙伴关系”常被用于形容两个及以上的人或团体以盈利为目的，缔结契约关系，共同承担损失，分享利润。人们通常把“伙伴关系”理解为人与人之间、团体与团体间的一种合作关系，各方为实现某一目标，汇集人才和资金，共同承担风险与责任，并共享成果。（http：//www.Uberstudent.org/，并参见牛津词典和维基百科）

伴随着冷战的结束，以及非洲各国在共同商品上合作的深化，战略伙伴关系的概念开始成形，并作为一种新型合作方式出现在双边或多边外交中。事实上，特别是 20 世纪 90 年代以后，战略伙伴关系被更为广泛地用于外交领域，演变为一种更为流行的国际关系。“战略伙伴关系”是一种新型国际关系，但很多问题在著作中尚未论及。尽管现已广泛应用于双边和多边外交，但若想将其概念化理论化，还需做大量的工作。使用这个新概念，还有些问题亟须解释：什么样的关系是战略性的？“战略伙伴关系”的政策目标和特征作用是什么？战略伙伴关系与其他关系的显著差异是什么？本文将探究以上问题。在国际关系理论中，各国基于自身利益与他国建立联系，然而关键是两个及以上的国家如何为了共同利益，采取合作并互相信任、兑现承诺，同时避免为谋求己方利益而发起恶性竞争、支配他方的损人利己行为。

在新的国际秩序下，诸如南南合作、国家集团、金砖国家等具有不同目标的区域组织或国家集团诞生，可以被看成是新型国际秩序的反应，这种新型国际秩序是全球化新的结果和动力，这些组织影响着许多国家的外交方针。

尽管缺乏明确的理论方法，但战略伙伴关系的概念正作为一种新型国际关系被人们所接受。总的来说，“战略”是对实现某一目标至关重要的指导方法；“战略合作伙伴”指团体间为获取共同利益而达成的合作关系。

国际关系领域的战略伙伴关系

在国际关系领域，“战略伙伴关系”是一个新概念。尽管“伙伴关系”、“联盟”、“合作关系”和“特殊关系”等概念长期以来被用于形容国际政治关系，但“战略伙伴关系”这一概念直到 20 世纪 90 年代才被适用于国际关系领域。下面以欧洲为例来解释这一概念。欧洲理事会在其政策中尤其强调了发展战略伙伴关系对欧盟安全的重要性：“上述威胁是欧盟成员共同面临的威胁，仅凭借我们自身能力解决的问题很少，所以我们需要寻求国际合作，需要通过国际组织的多边合作，以及与主要参与者的合作，实现我们的目标。”另外，欧洲理事会还提到“我们尤其要与日本、中国、加拿大、印度等志同道合的国家建立战略伙伴关系，获得他们的支持与配合”。（欧洲理事会，2003 年 12 月 12 日）

根据《欧洲安全战略》（2003）外交政策导向，所有与欧盟安全及 / 或与欧盟有共同目标和价值观的“关键角色”都是其潜在的战略伙伴，欧盟意欲通过建立战略伙伴关系，加强国际合作。实践中要找出“战略伙伴关系”这一对外政策的新工具与其他合作关系的差异，以及哪些价值和目标是“战略伙伴关系”中的治理原则。很清楚，欧盟使用“战略伙伴关系”的目的是针对在某一重要领域（如安全、政治、经济等涉及欧盟核心利益）最能为欧盟带来利益的国家。战略伙伴关系中最重要的是合作伙伴拥有共同价值观，即追求共同的利益，面临共同的挑战，相互理解，互利互惠等。（Vahl, Marius, 2001, p4）

莱萨指出，巴西的外交政策将“战略伙伴关系”视为优先考虑的政治经济关系，这种关系建立在普遍性的双边关系的基础上，能给合作双方互惠互利。（Lessa, Antonio Carlos, 2010, pp115–1310）基于前人的理论研究，格里维斯（Grevis）对“战略伙伴关系”这一概念给出以下定义：“……合作双方认为战略伙伴关系是实现基本目标的必要条件，因为战略伙伴的合作能带来双赢，而一旦有一方试图威胁另一方，双方都会蒙受损失……战略伙伴关系是追求核心目标的重要双边手段，基于此，他们可能关注关键的全球和地区角色……有效的伙伴关系是在各个层面上都能建立合作

的双边关系”。(Grevis, Giovanni, 2010, pp2–3)

然而，学术界依然没有界定“什么样的合作关系是战略伙伴关系”，即“是什么让战略合作关系区别于其他友好关系”。国家关系中的“战略”指促进共同利益的合作水平和强度。《牛津词典》将“合作”定义为共同努力的过程。“合作”在国际关系和国际法领域具有重大意义，指合作的各国具有法律责任去实现共同的目标和人类的福祉。尽管对国际政治本质的界定存在不同的理论观点和讨论，但与传统的政治现实主义者不同的是，许多人都认识到，为了最大限度地实现合作各方的利益，国家间的合作是必不可少的。

格拉铁斯(Gratius)在解释“战略伙伴关系”时，提到巴西与欧盟缔结的战略伙伴关系协议：“欧盟与巴西认为战略伙伴关系包括增进双方的互动和理解，建立共同的利益，加强双边对话以及各领域的互惠合作。”(Gratius, Susanne, 2008)尽管颇受国际关系学界的争议，但笔者认为“战略伙伴关系”没有一个确切的定义，各国对其外交政策的表达不同，有的将“战略伙伴关系”视为“历史联盟”、“自然联盟”、“战略联盟”、“伙伴”、“战略合作关系”、“友好关系”，实际上这只是各国为强调其重视的政治关系类型而采取的战术罢了。

总而言之，“战略伙伴关系”作为一个重要的外交政策，旨在为深化国家间跨经济、安全、政治、文化、社会的全面合作提供理论框架，并促进牵涉国际事务共同利益的合作。共同价值观、共同利益和挑战以及历史因素是确定合作水平和共同目标努力的根本原因。战略伙伴关系中所有的政治角色都需要对方，彼此相关，以共同的目标和利益，作为促进人类福祉和安全的国际合作的手段。

“战略伙伴关系”是国际关系领域的一个新概念，需经进一步研究和分析，以为今后的分析提供更有力的理论支撑。

第三章　非中概述

关于非中关系的背景，我将概述非中关系的发展过程，以找出 20 世纪 90 年代后促进非中关系发展的不同因素及其影响。

非　洲

尽管非洲拥有丰富的自然资源和人力资源，但非洲大陆依旧面临发展不足的困境。为解决这一问题，非洲领导人、专家、学者以及国际发展组织一直在不懈奋斗，他们研究与讨论非洲为何面临发展问题，并采取不同的发展战略以试图解决危机。解释非洲发展不足的问题需要考虑历史因素。非洲确实是人类及文明的发源地，但却面临着严峻的发展困难。自 20 世纪 50 年代中期起，随着非洲国家陆续获得民族独立，新的非洲领导人对国家发展与民族建设予以高度重视。然而，一切并非如非洲新领导人和国民想象的那样简单，自独立时代以来，非洲大陆一直经历各个方面的起起落落。为什么会出现这种现象呢？

据报道，撒哈拉以南的非洲地区是世界上唯一的社会经济发展指数几乎都呈现绝对下降趋势的地区，这种现象在20世纪90年代早期尤为明显。（Lubeck, P.，1992，p520）非洲数百万人无法获得食物和安全饮用水。据报道，75%的非洲居民的卫生条件得不到保障，每年有200万名儿童出生不到一年就死亡。（Schwab, P.，2001, p6）到2010年，超过半数的非洲人生活水平处于贫困线以下，而预计到2025年，非洲人口将达到16亿。（Rasheed，S.，1996，p2）我们想弄明白是什么让自然和人力资源丰富的非洲大陆深陷发展困境。

本书并不一一探究非洲大陆境内54个国家的经济情况，仅概述非洲大陆整体的发展情况。尽管非洲各国的发展现状存在差异，但它们面临的机遇和挑战是差不多的。本书以非洲发展情况为背景，分析致使非洲大陆自实现民族独立以来一直深陷发展困境的外部和内部因素，尤其关注冷战后非洲大陆新的发展状况。

历史背景

非洲的国际关系史充斥着冲突、暴力、战争、发展问题和不稳定，这对非洲如今的局势产生了巨大的影响。非洲与欧洲的关系始于16—17世纪的跨大西洋奴隶贸易。奴隶贸易迫使数百万的非洲人远离家乡，迁移到美国和加勒比地区，作为奴隶劳动力在欧洲人的种植园工作。（David，JF，2004）这个事件不仅使非洲大陆陷入不稳定的局势，还剥夺了其发展必需的劳动力。从人道主义角度来看，这个事件给非洲大陆和非洲人民在物质和精神上留下了不可磨灭的伤疤。

欧非关系的第二个阶段始于殖民时代，特别是在柏林会议（1884—1885）以后。当时的非洲国家，从王室到平民被置于欧洲殖民统治之下，处于被压制和被剥削之中。非洲的人力资源和自然资源遭受掠夺，人民被剥夺了基本权利。殖民统治在非洲大陆的许多地区持续了一个多世纪，没有实质性地改善非洲人民的生活，促进非洲大陆的发展，反导致了贫困、紧张、冲突、剥削和屈辱。

欧非关系的第三阶段是后殖民时期。非洲国家尽管实现民族独立，但国家事务仍受前殖民国家、新的西方强权和西方国家主导的国际金融机构的干涉。殖民主义留下的众多复杂的遗留问题给非洲大陆带来破坏性影响。政治上，非洲继承了薄弱的治理机制，充斥着民族冲突；经济上，非洲仍以农业主导，为欧洲提供农产品。从这个角度来看，非洲与欧洲还有西方的关系从来都不是建立在共同利益和伙伴关系的基础上的。受殖民历史和依附关系的影响，欧非建立起“捐助者-接受者”的关系。

为了了解非洲发展的困境，以及解释上面列出的一些问题，笔者的分析将基于外部因素和内部因素，尽管事实上这两者之间有很强的内在联系。笔者将着重解释殖民主义的遗留问题和非洲过去的国际关系是如何继续影响后殖民时期非洲发展的，同时，本书的重心还在于从国家治理和民族政策的层面研究非洲当前的局势。

殖民遗留问题

殖民主义的遗留问题是如何继续影响独立后的非洲发展的？不少分析人士认为，独立后的非洲问题，包括边界冲突、民族矛盾、独裁、部落治理问题、低效的政治管理和经济依赖，都可以归因于外部因素。需要强调的是，殖民当局的做法诱发了以上问题，并在非洲大陆获得独立后继续对其政治、经济和社会政策产生不利影响。鉴于此，布鲁克（Sandbrook）强调，在解释非洲独立后政治和民族紧张关系时，需要考虑非洲的殖民历史。（Sandbrook, R. 1985, p42）

殖民主义的遗留问题是指：殖民当局将旧的殖民文化和政体留在殖民地，或者移交给本土政治高层，以“新殖民主义”的方式影响着独立后的非洲国家与政治。非洲民族主义统治者沿袭了殖民当局的统治风格，即决策不尊重非洲人民的选择、同意（Consent）、意愿和目的。（Alemazung，Joy Asongazoh，2010，pp64–65）非洲国家面临的主要困境之一是民族冲突。（Amoo，1977; Nugent，2004; Meredith，2005）殖民主义的遗留问题包括民族分裂。希林顿（Shillington，1989，p356）表示殖民者强调民族差异，通过加深不同部落间的差异与敌意，阻止部落联合起来反抗殖民统治。希林顿称殖民当局在非洲大陆发起部落主义。事实上，在非洲尚未被殖民者控制领土、政治和经济前，非洲不同社区与团体间已经发生过冲突。尽管之前的冲突并非是部落差异导致的，但殖民当局刻意强调部落主义的政治力量，这无疑加深了民族冲突。

格斯特（Guest）对希林顿的观点表示认同，他在有关非洲独立后政治发展现状的文章中提到：非洲的民族冲突“源于殖民当局操纵部落”。他还强调，为了让少数的本国士兵和官员实现对本土大众的控制，殖民国家使用“分而治之”的政策，在非洲大陆上播撒分裂和仇恨的种子。（Guest, R., 2004, p111）姆贝基（Mbeki）也认为非洲独立后战争和冲突的主要原因在于非洲国家随意划分国界建立国家，忽视了民族差异。（Mbeki, M. 2005, p3）布鲁克（1985, p42）指出，殖民主义者在绘制非洲现代地图时，没有考虑民族、文化和语言的差异，往往将彼此仇视的民族划分到一个国家，或者将同一民族的群体划分到不同国家。伊斯特利和莱文（Easterly and Levine，1997，pp1-10）表示，民族高度多样性与范围广泛的民族冲突阻碍了独立后非洲的经济增长。在殖民统治期间，殖民当局的目标显然不是促进非洲发展或实现现代化，主要政策是在利用非洲的自然资源，如咖啡、可可、茶叶和棉花等农作物，矿物和其他自然资源，为欧洲工业持续供应。此外，殖民国家还建立了从生产区到港口的便于货物和服务运输的基础设施，如道路或铁路，这些基础设施的扩建并不是出于公共利益的考虑，而是为了方便殖民者的经济活动。

布鲁克（1985, p21）解释说，非洲的殖民力量“以自我服务的方式得利，如获取廉价且来源安全的原材料，以及固定的制成品出口市场，由此构建殖民地经济，却阻碍了当地的工业化和可持续发展”。马卜贡杰（Mabogunje，2000, p14008）也提到，殖民者没有帮助非洲国家实现经济制度改革、实现“资本主义生产从而促进经济增长”。

另一方面，殖民体系干预了非洲的教育，使其依赖欧洲殖民者。欧洲殖民者不鼓励在殖民地发展教育。与此同时，大多数非洲人没有接受任何教育，而那些在现有低水平学校受过教育的人又成了统治者的仆人或助手，导致了独立后的非洲国家缺乏合格的领导层人才。许多文学作品都反映了上述观点。布鲁克（1985，pp19–20）列举了一些事实作为说明，例如在 1960 年独立时，扎伊尔没有本土医生、律师或工程师。1955 年，只有 700 名尼日利亚人能胜任公务员高级职位，相比之下，欧洲有 2300 人。阿意提（Ayittey）补充道，坦桑尼亚在实现民族独立初期，只有 16 个大学毕业生；葡萄牙殖民者离开几内亚比绍时，几内亚比绍国内有 97% 的国民是文盲，只有 14 个大学毕业生。（Ayittey, G. 1998, p41）

殖民当局对殖民地在政治上实施种族政策，专制独裁，且不准殖民地人民参与公共事务。布鲁克（1885，p85）强调，在这种情况下，殖民当局派遣强势的总督管辖殖民地，实行“独裁统治”。许多受殖民当局青睐的非洲新领导人在非洲独立后，延续前殖民者的独裁模式。大多数非洲国家的政权是在拥有主导地位的部落之上发展而来，是依靠一个民族对其他民族的控制建立的，这种建立政权的手段无异于殖民政权的做法。民族冲突并非非洲大陆特有的，但与世界上其他地方相比，非洲的民族冲突问题尤为严重。许多非洲作家纷纷对非洲大陆民族对抗的起源、殖民主义对民族间关系的影响以及政局不稳和国家建立前的预兆提供见解。

不幸的是非洲政治领导人没有妥善处理民族分裂问题。尽管殖民主义播散了民族冲突的种子，破坏了非洲政权的稳定，但新殖民主义对民族分裂问题置之不管的行为让民族问题更加严重。（Nnoli，Okwudiba，2000）

著名政治学家施瓦布（Schwab）认为，殖民主义的遗留问题严重阻碍了非洲大陆的发展：非洲经济和政治遭受殖民主义重创，导致其独立后难以自由发展政治经济。殖民者掠夺非洲的自然资源，发展本国的城市化，他们奴役非洲居民，排挤本土政治精英，采取“分而治之”破坏非洲民族团结。（Schwab，P.，2001，p26）

另一方面，我们应该认清的事实是：殖民主义实际上在非洲建立了法律层面的新主权国家，一定程度上将现代生活引进了非洲，帮助非洲建立起与国际社会的联系。非洲有着较长的国际关系历史，非洲国家和地区与国际社会有着不同模式、不同水平的联系。殖民者将新的公路、诊所、学校、电信线路、电力供应、现代农业实践和市场营销引入非洲，尽管数量和覆盖范围有限，但也在非洲大陆上留下了一些基础设施。殖民时期密集的商业化农业使得许多非洲国家人均收入水平较高。（Mbeki，M.，2005，p2）然而，除少数统治集团外，非洲国家和人民并没有从其中获得经济效益。非洲独立后新的领导人沿袭殖民时期的管理方式，严重影响非洲独立后的经济发展。

独立后非洲经济发展面临的挑战

从概念上讲，许多经济学家认为经济发展是一个增长过程，这个增长过程要求对生产要素进行系统性的重新分配——将生产要素从低生产率、传统技术、低回报的初级部门转移到高生产率、现代化、高回报的工业部门。在殖民统治的剥削下，非洲在经济和政治上蒙受巨大损失，以至于非洲大陆在殖民统治结束后，仍无力应付发展问题。有证据表明：非洲大陆才独立那会儿各方面的发展程度都相当落后，非洲经济受欧洲列强的影响程度不及亚洲国家受欧洲、日本殖民者的影响。除了少数商业部门和采矿部门，欧洲殖民者没有在非洲采取重大的经济发展计划，因为他们的主要目的并不是帮助非洲发展或实现现代化。此外，除了少数定居于非洲南部的欧洲人，非洲大陆缺乏推动经济发展强大的经济力量。独立后的非洲大陆在经济、政治和文化上面临新殖民主义的压迫，因此，独立后的非洲局势并不比预期好。（Mwaura, 2005, p5）

恩克鲁玛认为独立后的非洲局势令人沮丧。他指出尽管这些国家获得了独立，但它们的经济体制和采取的政治政策都是由殖民者间接制定的。新殖民主义在后殖民时期，以异于从前的方式控制非洲：新殖民主义以为某国提供资金支持、外国财团参与活动与维护外国的经济利益为由控制新政权，阻碍非洲大陆的发展。（Nkrumah，K.，1975，p415）这一现状致使独立后的非洲国家与前殖民国家建立了一种“被资助者和资助人”的关系，这种关系无益于非洲国家自主发展本国经济，只能让它们成为资源导向型经济体。

事实上，大多数新独立国家建国初期的发展战略都包括这样一个目标，即为实现国家统一优先实现人类发展和国家建设。这一目标需在中长期发展框架的指导下落实，即消除非洲经济中的“殖民结构”，加快经济增长，提高人民生活水平。国家在发展中扮演着相当重要的角色。在 20 世纪 60 年代，由于许多非洲国家大力发展基础设施建设，非洲呈现不错的发展势头，在 1973 年到 2000 年期间，内战、军事政变和政局动荡伴随着干旱和饥荒重创非洲经济，使其陷入发展困境。阿德巴约·阿德德吉（Adebayo Adedeji）教授（2002 年）表示，非洲国家在经济受创后，不得已向国际金融机构求助，为获得捐助，非洲国家被剥夺社会和经济政策主导权，无奈接受国际金融机构的条款和条件。

总的说来，非洲的经济增长在 1973 年到 2000 年呈现下滑趋势，如上所述，主要表现为不可持续的财政和贸易赤字、高通货膨胀率、内部和外部债务负担重。研究表明，在 20 世纪七八十年代，结构性失衡和发展失败问题迫使许多非洲国家接受由国际货币基金组织和世界银行发起的结构调整计划。根据这一计划，非洲若想获得赠款和贷款，必须严格遵守国际货币基金组织和世界银行制定的条款，这给非洲带来巨大灾难。所有的经济社会指标表明，贫穷、饥饿、疾病和无知，让非洲一直处于落后的状态。（Baah, Anthony, May 2003, p5）

非盟和联合国非洲经济委员会的研究结果表明，国际货币基金组织发起的结构调整计划基于以下设想：自由市场会推动投资，促进整体经济增长，但没有考虑增产、产品多样化和长期市场失灵带来的供给约束问题，如经济和社会政治制度脆弱问题，实体设施和人力资源上的不足。（非盟 / 联合国非洲经济委员会文件，2011 年 3 月 22 日）

此外，结构调整计划还进一步限制了非洲国家根据自身条件制定独立发展议程的能力。正如埃迪格黑吉（Edigheji）所说，位高权重的技术官僚在决策过程中考虑的不是非洲人民，而是更多地考虑国际发展机构的官僚，因此，20 世纪 80 年代以后，大多数非洲国家既无法联合起来，又不能贯彻政策，因而他们无法制定和实施发展目标。（Edigheji，Omano，2004）

非洲经济发展并非由非洲人自己驱动，国际货币基金组织和世界银行建议的政策并没有反映非洲的真实情况。20 世纪 80 到 90 年代，在国际货币基金组织和世界银行的建议下，非洲国家实行私有化、自由化和财政紧缩等政策，这些政策不符合非洲国家国情，最终以失败告终。正如斯蒂格利茨（Stiglitz，2002）所说："非洲在过去 20 年采取的结构调整政策带来了更多的失业人口、通货膨胀、低收入、贫困、苦难、不平等、高税收、低教育水平和高额外债。"

理性地认识到非洲经济发展的失败不仅仅归因于外部因素也很重要。同样需要承认，国内因素，诸如体制问题、腐败、部落主义、经济政策的缺乏、旷日持久的国家间和国内冲突，也阻碍非洲经济发展。有说法认为，非洲国家受利益小群体的操控，成为私人汇集资本的中心。这些小群体通过引发政治权力斗争，如发动军事政变、操纵选票，来控制国家经济，旨在实现自我扩张。

冷战后的非洲状况

冷战结束后，非洲的国际关系受到国内因素的影响并引导其对外关系。冷战期间，两极政治势力下的非洲成为两个超级大国权衡权力的杠杆，非洲利用这一点在两国间争取外交利益。然而冷战结束后，非洲国家的外交政策却受到限制，变得相对可预测。非洲大陆境内现有54个主权国家，各国的外交政策有差异，但是，几乎所有国家在对外关系中都经历过诸如援助、和平与安全、外国直接投资、边缘化、债务、建立伙伴关系、遏制艾滋病毒/艾滋病等问题。为了免于由内外部因素带来的挑战，非洲在21世纪之初制定《非洲发展新伙伴计划》。非盟也承诺为改善非洲的国际关系，打破落后的恶性循环，建立良好的治理，确保和平与安全开启新的篇章。然而，鉴于各种复杂的内外部因素，这些新的大陆项目对于减轻非洲不平等的外交关系，改变非洲捐赠导向型外部关系影响甚微。

非洲在全球经济中日益边缘化是冷战的标志之一。（Callaghy, 1991, Awoonor, 1994, Kraus, 1994）经济边缘化意味着非洲在全球经济中的地位越来越低，主要表现为对官方发展援助（ODA）减少以及外国直接投资（FDI）的份额缩减。无须争议，对非官方发展援助正在持续下降。例如，国际银行承诺对发展中国家发放的贷款总额从1990年的200亿美元增加到1991年的280亿美元。然而分配到非洲的金额从6亿美元下降到4亿美元。（IMF, 1992, p77）据报道，1983年至1990年期间，对非洲的发展援助从80多亿美元减少到10亿美元。1991年，对非洲的援助（双边和多边）总额达到252亿美元，到1998年下降至176亿美元，2000年下降至157亿美元。［Africa Recovery 16（2–3），2002，p31］对非的外国直接投资额也在下降。例如，外商对撒哈拉以南的非洲地区的直接投资总额从 1997 年的 86 亿美元下降到 2000 年的 65 亿美元。[Africa Recovery 15（3）2001，p28]

冷战后，非洲经济之所以进一步边缘化最有说服力的解释是：东欧经济正值摆脱社会主义模式之际，国际投资者认为东欧具有投资潜力（Callaghy，1991）；而非洲境内棘手的内部冲突、糟糕的治理也削弱了非洲的投资吸引力（Strange，1991）。除南非工业化发展较好，非洲大陆上的所有国家都受到边缘化的影响。然而，“非洲经济边缘化”这一说法也引发了争议，质疑者认为非洲依赖外援和主要的国际金融机构（世界银行和国际货币基金组织）帮助的行为说明非洲大陆正紧密地融入全球经济；同样，带有新殖民主义经济思想特征的结构调整计划也将非洲推向全球政治经济浪潮之中。非洲既处于全球经济边缘化，又融入全球经济的现象体现了非洲经济的不确定性。

以自由化、竞争和自由市场政策为特征的全球化使非洲经济更加脆弱，给非洲发展带来巨大的挑战。全球化与自由化迫使非洲寻求外援和发展援助，这使非洲与北方国家建立国际关系。另一方面，非洲的债务危机是大多数非洲国家遭遇的关键挑战。非洲的负债不断增加，从 1990 年的 2943 亿美元增加到 1998 年 3452 亿美元。[Africa Recovery 14（1）, 2000, p7] 高额负债和高偿债使非洲国家无力提供社会服务和推动发展。在 20 世纪 90 年代，偿债额达到非洲出口收入的 5%至 112%。（West Africa, 16–22 August 1993, p1459）非洲大部分的国家预算收入被用于偿还债务，而用于发展本国竞争性经济的资金所剩无几。

为了突出该问题的重要性，有必要看看一些非洲国家在这方面的经历，用于佐证这一现象。在1996—1997财政年度，坦桑尼亚用于偿还债务的支出是用于发展小学教育的四倍，是用于发展医疗健康的九倍。同一财政年度，喀麦隆将其国家预算收入的36%用于偿债，而基本服务的支出只有4%。[Africa Recovery, 13（4），1999，p3]津巴布韦也经历了同样的情况，在1998年独立之际，津巴布韦的偿债花费占其国民生产总值的1.2%，相比之下，教育支出仅占1.9%。到1995年，偿债额占国民生产总值的10.3%，而教育和医疗健康分别占比8.5%和3.5%。[Africa Recovery，15（3），2001，p28]

重新安排债务偿还可能会为债务国提供一些暂时的救济，但随着利息不断累积，债务国的负担更重。这种严重局势迫使许多非洲国家再次寻找外国援助，这是形成恶性循环的一个因素。例如，在1986年至1990年期间，由于重新调度，国际货币基金组织（IMF）对撒哈拉以南的低收入国家收取的利益比发放的援助还高出30多亿美元。（New African, October 1991, p32）

结构调整计划腐蚀了非洲发展的基础。结构调整计划几乎被应用于非洲撒哈拉以南所有国家，并要求这些国家取消服务业补贴，在市场上流通本国货币（往往导致货币贬值），解除对经济活动的管制。这些政策和条件使得非洲国家丧失经济发展动力。（ECA 1989; World Bank 1994,p1）除此之外，结构调整计划还进一步恶化非洲经济发展环境，加剧了非洲地区的贫困。（Akokpari，2001）此外，结构调整计划加深了非洲在出口和债务上对债权国的依赖，加深了与西方国家间不平等的国家关系。

艾滋病毒/艾滋病也促使非洲与西方建立新的伙伴关系。为遏制这一流行病，非洲需要寻求国际社会的支持。同艾滋病毒 / 艾滋病做斗争已成为非洲国家努力获得国际援助的驱动力。这种流行病已夺去了非洲数百万年轻人的生命，严重阻碍了非洲经济发展。

冲突在非洲大陆很常见，旷日持久的各种冲突给非洲发展带来了巨大而复杂的挑战。冷战结束后，非洲大陆的冲突更加普遍，且大部分境内冲突是外部因素引发的。受冷战后全球形势变化的影响，非洲国家都采取民主治理与发展，然而民族冲突却要求变革政权。例如，发生在索马里、苏丹、卢旺达、布隆迪、利比里亚、塞拉利昂、刚果民主共和国和科特迪瓦等国的冲突威胁了这些国家的主权与政局稳定，影响非洲大陆的安全与和平，成为一个严重的国际问题。

对于这些战火连天的国家和整个大陆来说，外交政策的重点是增加国防预算和复杂的军事硬件的采购。获得先进军事硬件旨在获取权力，或阻止外部侵略，势必会引发战争，造成国家资源更匮乏，人民的生活更痛苦。（Akokpari, 1999）另一事实是，许多非洲国家渴望更多军事硬件，以镇压国内起义。在《非洲和平安全与冲突管理》的框架下，美国、英国和法国发起了若干与非洲建立全球伙伴关系的机制，这些机制对非洲境内的冲突产生了或积极或消极的影响。中国、俄罗斯和前东欧社会主义国家也向非洲大陆的战争国出售武器。因此，非洲境内的冲突使得非洲国家向外国寻求军事、政治和经济上的援助，这加强了非洲国家与西方国家间的联系。

艾滋病毒 / 艾滋病成为冷战后非洲人类安全的新威胁。不同于传统的现实主义对安全和国家权力的思想和定义，新的安全模式主张将生命安全与生存环境联系起来。（Busan, 1983）相较于旧安全概念从国家层面出发，新的安全模式从国际人道主义法的原则出发，关注人类和平与安全，即基本人权。对人身安全的威胁大多是非军事的，因此需要非军事反应。联合国开发计划署（1994）提出过这样一个观点：社会和政治环境的动荡会影响人类福祉，当发生动荡时应优先考虑人身安全。对于非洲而言，和平与安全是国家政治和社会经济发展，以及人类安全的先决条件。在非洲，人类安全指的是解决非洲境内长期以来的严重问题，例如饥饿、疾病、贫困、失业和各种形式的压迫。换句话说，人类安全指的是“防止日常生活中意外和有意的破坏”。（Moyo and Tevera, 2005, p5）

冷战后，非洲大陆的经济支离破碎，这种情形下，如果没有外援，民生安全将难以实现。20 世纪 90 年代，频繁发生的旱涝饥荒灾害让东部、西部和南部非洲国家受到了重创。非洲接受国际援助物资的事实，以及国际组织做出的快速反应都证实了这一点，没有外部援助，民生安全将难以得到保障。因此，对民生安全的需要进一步凸显了非洲大陆外交政策中的新形式——国际救援的重要性，这也加剧了非洲对西方国家的依赖程度。

在当时的情况下，这种以国际救援为驱动的对外政策，加剧了非洲对外政策和国际外交问题的恶化。在国际援助兴起和经济问题突显的情况下，外交政策等非经济问题已经黯然失色，微不足道了。为了得到经济方面的救助，非洲大陆频繁曝光在外部援助和国际金融机构的面前，独立自主的外交地位被不断削弱。

（Ankomah, 1992, P14）提供援助的机构决定分配给教育、医疗或农业等各个领域的资金比例，他们还将决定食物和公共服务的投入使用。其他任何方式的介入都没有国际援助带来的侵略性强。这些介入的机构，他们否认自己干预他国外交政策，也否认自己干预他国内政。

在经济事务中逐渐丧失的控制权，使得非洲本已脆弱的自主权利受到更大的威胁。一个不争的事实是，在当前国际经济秩序下，国与国之间存在复杂的相互依存关系，加之诸多非国家因素的影响，国家的绝对主权也许是很难掌握的。但是一个国家应当争取享有在政策事务上的自主权利。然而，在以援助为核心的外交政策导向中，显而易见的事实是非洲的自主权利已经向债权国倾斜。以上提到的对结构调整计划持采纳意见和大量条款的实施证实了这一观点，其中大部分是不可实现的，这不仅是债权国控制非洲主权的证据，还是非洲国家割让主权的体现。非洲经济自主权利的幻想破灭在后冷战时期表现得更加明显。

主权丧失带来的后果是，非洲新萌芽的区域性问题更加突显。全球化带给非洲的挑战之一就是如何在经济不利地位中保持竞争力。保持竞争力的部分原因应归结于区域经济集团的兴起，他们试图摆脱本国经济在全球竞争中日渐衰弱的影响，试图在整个非洲加强现有的区域经济集团的权利。20 世纪初，区域经济集团还想要取代非洲统一组织（OAU），重新创立一个“更加务实、具有政治性和合法有力”的组织——非盟，这些做法的目的都是为了缓和非洲国家之间的竞争。

对于非洲来说，拥有一个区域性联盟具有战略性意义，它不仅可以凝聚非洲的资源和智力储备，还能在提高区域性和全球性利益的同时，扫除外界带来的挑战。除此之外，在区域性联盟框架下，非洲还可以另辟蹊径，开拓一块更大的非洲市场，以此减少对不稳定的国际市场的依赖度。然而，问题的关键在于，一方面非洲要忠于债权人条款中的看似与区域联盟相矛盾的地域条款，另一方面又要追求非盟的理想。但是，令非洲越来越担忧的是，受捐助导向制约的非洲国家，难以和务实的区域联盟或非盟达成一致看法，尤其是在联盟条款中没有满足债权人需求的方面。（Shaw,1989）这种两难的境地给非洲国际关系出了难题。这样的两难境地对于处于当时那个关键时刻的许多非洲国家来说，就是如何从过去的一贯做法中脱离出来，另辟一条具有实效性的改革之路。这条新道路已经开始逐渐形成。

展望“改革之路”

步入 21 世纪以来，世界经济实力的平衡已经发生了变化，从一极到多极演变，制定了新的国际条例，这种办法潜意识地与二战后遗留下来的制度和惯例划清了界线。从这个层面来看，来自全球南部联盟的新兴国家——中国、印度和巴西为非洲大陆提供了机遇，特别是来自中国的大量贸易和投资，为非洲政府提供了重要的资金来源，这方面后续会做讨论。那么，对非洲真正的挑战就会变成非洲国家如何充分利用与这些新兴经济体的国际关系，避免再度陷入新型的殖民关系，就像 20 世纪和欧洲国家的关系一样。

自从 1963 年非盟成立以来，非洲经济融合与合作已经在独立国家占据了中心地位。从那时起，融合的问题就一直在非洲大陆组织的政策中占主导位置。（Nkrumah 1963; OAU 1980; African Union 2006）1980 年，非洲各国元首采取了《拉各斯行动计划》（*Lagos Plan of Action*），区域性融合与合作已经有了不错的开端，在接下来的几年时间，已经启动了一系列的区域性经济融合项目。从低端的融合项目优惠贸易区（PTA）到高端的经济联盟。（Agubuzu 2004; Anyang' Nyongo' O' 1990）

大多数区域性融合项目致力于通过消除关税或非关税壁垒来推动非洲区域内部的贸易增长；通过推行经济分区、区域基础设施建设和大规模生产来促进区域的发展；让劳动力、商品和服务自由流动以消除壁垒；促进金融合作。然而，事实上，非洲的区域性经济融合并没有加速经济增长，也没有加强非洲盟国之间的贸易，这是与其他国家的不同之处。（C. Johnson 1995）其中的原因有：

· 缺乏有效的政治领导。政治精英们不愿意将宏观经济决策的自主权交付给一个具有合法性和执行能力的区域经济组织机构。

· 来自制度和组织层面的严峻挑战。包括在区域层面缺乏协调机制和相互融合的制度和政策，以及不执行通过的决议。（Cheru 1989, 2002; UNCTAD 2009）

· 同盟国成员出口几乎一样的原材料产品、同时从主要的贸易伙伴，例如欧盟和美国，进口加工产品，这造成非洲的生产结构缺乏互补性。（UNCTAD 2009）

· 缺乏对收益和风险的补偿机制（UNCTAD 2009），这样会导致实力较弱的非洲国家对是否会遭遇较强国家的利用而心存疑虑。

· 非洲诸国政府不愿意切断与欧美国家的殖民关系，原因就是资助在国家预算收入中占了相当大的比例。（C. Johnson 1995, p 213）

· 非洲区域经济一体化过程充满了目标多样化、成员身份和授权重叠化的特征。

然而，当非洲进入 20 世纪 90 年代，一系列的内外部因素刺激为非洲大融合进程的重新启动提供了黄金时机。非洲大陆发展严重依赖外部援助和主要国际金融机构（IFI），对这种发展丧失希望通常被视为一种担忧。加之而来的是，外部援助国制定解决多边性的非洲问题的对策的无效性，导致了在非洲地区对变革的新的举措和新的展望。正如前文所述，在此我想进一步说明的非洲发展新伙伴计划指导委员会和非盟，这两个组织都是在 2002 年 7 月份正式启动的。经过实践证明，新组织机构的成立必然会从多方面影响非洲内部以及对外交流的政策方针。从机构的内涵来讲，非洲发展新伙伴计划指导委员会是非盟的一个机构，它被授予了自主管理内部项目和活动的权利，其总部设在南非的首都比勒陀利亚。

《非洲发展新伙伴计划》是由非洲联盟启动的新发展项目，致力于解决非洲各方危机，具体包括经济不景气、政府不作为、贪污腐败、管理不善、冲突不断以及安全问题等方面。需要特别指出的是，《非洲发展新伙伴计划》致力于减缓或消除非洲贫困、促进增长和可持续发展；制止并转变非洲被边缘化的趋势；维持和平、安全与稳定。这些都将在与国际合作中得以实现，尤其是来自外国的援助。值得一提的是，《非洲发展新伙伴计划》的政策导向和方针更加倾向于西方工业国家，因为成员国伙伴认为在冷战结束后国际环境已经发生了变化，即开始向发展中国家提供更好的合作和发展机会。为了解决非洲大陆的诸多发展问题，《非洲发展新伙伴计划》划定了一些关键领域。这些领域包括和平与安全、经济和公司管理、基础设施、农业，以及对国际市场的准入等方面。（http: www. Nepadsn.org/nepad–presentation, html）实现这些目标必然会影响到非洲与国际社会的关系。不同于过去的发展范式，《非洲发展新伙伴计划》将自己定位为非洲大陆和国际社会之间的伙伴关系。然而，在寻求与国际社会，特别与西方建立伙伴关系的过程当中，《非洲发展新伙伴计划》试图加快整合日渐被边缘化的非洲大陆到全球经济体当中。（Ubomba–Jaswa 2002）。尽管《非洲发展新伙伴计划》强调互利共赢的伙伴关系，但是非洲过分依赖富裕的北方国家的金融援助。

因此，依赖传统的捐赠者从外部资助的事实越来越清楚地表明，《非洲发展新伙伴计划》在改变非洲同北方国家关系现有格局或对外关系方面面临挑战。相反，新的发展模式不仅维持了同国际金融机构（IFI）关系的脆弱性，而且加深了对国际援助的依赖，从而强化了在非洲对外政策中援助的中心地位。全球化总被看成是非洲大陆面临的主要挑战，《非洲发展新伙伴计划》需要适应增加外国投资和采取新古典经济政策，而不是对它提出理论挑战。全球化被看成是为非洲发展提供现实选择新工程失败的潜在根源。而且，为了强化非洲国家捐赠导向的姿态，《非洲发展新伙伴计划》被迫弱化非洲内部的关系。由于没有非洲国家能证明有能力为非洲伙伴国提供经济援助，《非洲发展新伙伴计划》已经成为从外部观察非洲国家发展的蓝图。

如果《非洲发展新伙伴计划》在改变非洲同北方国家的关系以创造非洲发展转型和相互伙伴关系方面无能为力，在大多数人看来，非盟也不会有太大不同，因为两者发挥作用的基调没有太大差异。非盟脱胎于非洲统一组织。非洲统一组织在差不多40年的存续期间被非洲领导者认为是脆弱的，无力实现非洲大陆的整合。最根本的无能体现在非洲统一组织无法有效地管控或者终止非洲大陆内部的冲突，抑或执行一项可行性的发展模式，并且在成员国间建立一个强大的非洲联盟体系。在政治制度、外交政策、经济区域布局等方面存在较大的利益冲突，导致非洲各国的分裂。由于缺乏强有力的联合行动，非洲统一组织无力解决非洲大陆面临的新挑战，尤其是后冷战时期结束后所带来的巨大挑战。非洲统一组织的能力受到挑战，因为非洲大陆正在设法解决如何获得变革的掌控权，即人们对善治、人权、发展、和平和安全的追求和渴望。人们相信，非洲统一组织的管理模式不适合后冷战时期非洲的现实环境。针对这种背景，为了完成非洲统一组织认为不可能完成的任务，非盟出现了。

由于欧盟的示范效应，非盟也开始追寻非洲大陆的统一；试图终止和阻止冲突，使非洲各个区域都免受重创；创建洲际联盟；开创一个更大的非洲市场以便让非洲在国际经济事务中更具竞争力；开拓创新，寻求解决非洲的各个问题，包括管理危机、人权保护、债务危机、腐败堕落、艾滋病毒/艾滋病的祸害等。很多人认为，要满足上面提及的基本需求需要加强非洲内部的团结和增强自给自足的能力。考虑到非洲国际关系的现状，从非盟创立以来，就面临着许多方面的挑战。

将欧盟与非盟进行对比，Makgotho 解释道，欧盟用了三十多年的时间才实现其目标，非盟想要将一个以冲突、互相不信任、经济落后著称的非洲，在较短的时间里实现经济和政治的统一未免太理想化了。（Makgotho,2002,p1）即使非盟成员已经表明了实现目标的决心，在实施过程依然存在严峻的挑战。比如，非洲各国在经济行动中存在分歧；与外国建立的债权关系；非洲联盟阻止与管理冲突以及完善管理措施的能力；成员国兑现非洲联盟制定的金融条款和义务的能力。这些将一直成为检验非盟能力的试金石，也是评价非盟的关键地方。

正如事实所呈现的一样，虚弱的内部管理能力和民众的低参与度，导致非洲无法形成和维系一个稳定的发展日程。联合国非洲经济委员会解释了 20 世纪 90 年代末期严重影响非洲发展的内部因素：

> 社会经济发展下的政治环境呈现出显著的特点，比如，权利过于集中化，阻碍了多数群众有效参与到社会、政治、经济发展建设中。因此带来的后果是，大多数非洲人民以及各种组织尽全力为社会发展做贡献的动力被严重地削弱或限制了，集体和个人的创造性才能遭到贬低或唾弃。（UNECA，2000）

在20世纪90年代末期，正如Anthony Baah解释的一样：随着国际金融机构和债权国对非洲实行的政策影响，尤其他们采取的私有化、贸易自由化、财政紧缩等措施使得非洲国家更加动荡。在过去20年间的结构调整过程中，大多数国家的国债已经累加到了国内生产总值的150%。

受布雷顿森林机构的迫使，许多非洲国家需要将其超过三分之一的出口收入用于偿还外债。由于结构调整政策和腐败的共同作用，生活水平急剧下降，在撒哈拉以南的非洲，幸福生活指数的主要指标比经济发达国家落后三十年。（Baah, Anthony, 2003, 第6页）

然而，在21世纪转折之际，非洲国家开始总结过去的经验，并对国内、国际形势进行了评估。为推动治理、扶贫、广泛的公众参与和经济自由化等方面的变化而进行的全球运动，其影响也开始改变非洲的政治经济格局。作为改变非洲经济状况所作努力的一部分，民众民主参与的强烈主张在非洲大陆开始形成，这使得个人和组织能够参与到发展过程和治理过程中。因此，这也成为非洲发展理念和治理模式中新范式形成的开端，因为这是从注重宏观经济稳定（供给和增长、降低通货膨胀、遏制失业、提高国家外汇储备、吸引投资和改善贸易逆差）、国家安全和选举民主，到关注人民生活水平、民主参与和合作治理的转变。所以，人民作为国家变革的一个主要参与者被引入到发展过程和治理过程中来。

就这一点来说，非洲国家需要衡量四个因素，这四个因素最终也为非洲必须考虑的范式转移和之后十年崛起的希望奠定了基础。第一个是丧失了对其历史上一直依赖的经济结构的希望及其所经历的种种困难，这最终导致了发展失败；第二是冷战结束后全球变革对非洲的影响，主要表现在善治、经济自由化、扶贫和民主化等方面；第三个是为发展、治理、扶贫、和平与安全、环境保护等共同问题创造国际合作发展的有利氛围；第四个是从亚洲国家的发展奇迹中吸取经验，尤其是中国、印度、韩国和新加坡。

伴随着国内外刮起的改革之风，20 世纪 90 年代很多非洲国家的政界也产生了新一代的领导人，他们拥有新视角，推出新政策，特别注重能够处理、主导经济发展中复杂事务的能力。因此，鼓励发展的主张在追求民主化政策和可持续经济转型政策的非洲大陆变得更加有力。截至 21 世纪初，非洲很多方面已经开始显露出改变的希望。非洲大陆的很多地区在为维持和平和稳定而努力。非盟也成立了，其强烈的政治意愿是追求非洲大陆的统一和成员国之间的合作、建立长久的和平安全和可持续发展，以及加强非洲的国际合作关系。

许多跨国冲突和国内冲突在减少。安哥拉长达 27 年的内战也划下了句点。刚果民主共和国与乌干达、卢旺达签订和平协议，结束了国内冲突。布隆迪、利比里亚和塞拉利昂也进入了和平、重建时期。

埃塞俄比亚和厄立特里亚之间的边界战争已经结束，尽管离最终解决问题要做的还有很多。索马里在经历了多年内战后建立了过渡政府，但要制定宪法、建立民选政府、消除恐怖主义的威胁还需要做出更多努力。然而，我们也应该注意到，在世纪转折之际，非洲仍然面临着许多和平和安全方面的挑战。

从经济上看，撒哈拉以南的非洲国家继续将减贫和经济发展作为重中之重。21 世纪初，这个地区继续保持经济复苏、增长的势头，尽管非洲东部和南部发生了一些严重的干旱，但 GDP 复合增长率仍达到了 3.5%。在外交方面，非洲国家积极参与到国际对话中，利用后冷战时期造成的局面，开拓国际市场，继续在全球事务上参与合作，尤其是在发展、食品安全、环境保护、恐怖主义、国际贸易及和平安全等问题方面。国际局势已有所改善，表现为西方国家增加了对非洲地区的关注和支持。非洲利用这一新进展从西方组织和国际组织获取支持，以实现自身的发展、解决各种冲突。非洲的这一态度一直被解读为想要建立国际合作伙伴关系，携手传统联盟和新兴经济体共同努力，提高自身利益。中国和印度作为全球经济新生力量的出现成为非洲发展动力的重要来源和替代来源，这一点在下一章详细讲解。

下一章关于非中关系需要解答的问题包括：非洲是如何从其自身的失败和成功中吸取经验的？从新兴的亚洲经济体可吸取什么经验？哪些战略手段和非洲经济转型有关？接下来我会详细讨论这些。

中　国

根据经济学家安格斯·麦迪森的研究，19 世纪 20 年代时中国是世界第一大经济体，约占全球 GDP 的 32.9%，而美国仅占 1.8%。然而，对外战争和内战、内乱、无能低效的政府、天灾人祸以及扭曲的经济政策导致中国在全球 GDP 中所占份额下降。到 1952 时，中国在全球 GDP 中所占份额下降至 5.2%，到 1978 年时，已跌至 4.9%；而美国的份额分别是 27.5% 和 21.6%。（Maddison, Angus, 2007）

中国共产党于 1949 年建立了中华人民共和国，成立了现代政府。经过 60 年的艰难发展，特别是在近三十年间的奇迹般经济增长，中国如今成为世界的讨论话题。它已经从中央计划经济体制转换为市场经济体制。中国的现代化历史开始于一个雄心勃勃的试验，旨在通过以公有制为基础的计划经济体制实现国家发展。然而，这注定是一次失败的尝试。这个政策只会使经济落后、停滞。意识到错误只需要少数精英阶层，但弥补这个错误却需要整个社会的齐心协力。为了修正错误、改善经济效益，开始了不断的改革试验。毕竟，三十年前的中国人民需要改变这种高度贫困和经济增长缓慢的情况。中央政府停止修补中央计划经济体制，开始向市场经济体制的转型，允许个体承担决定社会发展方向共同责任的使命，个体有追求自己目标的自由，激发了人的天赋和创造力。

截至 2012 年中期，中国成为紧随美国之后的世界第二大经济体。中国是如何成为现代的主要经济力量、创造出最伟大奇迹的？对非洲和世界其他地区有什么启示？要探究这些问题和其他问题，探索中国当今的经济发展道路是十分重要的。

1979 年标志着现代中国经济改革的开端，促使中国经济迅猛增长，帮助中国恢复全球主要经济强国地位。在 1979 年之前，毛泽东主席领导下的中国一直维持着中央计划经济。中国经济产出的主要份额由国家直接指导、控制，国家会设定生产目标、管制价格和在整个国民经济中分配的资源。20 世纪 50 年代时，中国的所有个体农户加入到人民公社中。为了支持快速工业化，中央政府在 20 世纪 60 年代至 70 年代之间大规模投入人力、物力。因此，到 1978 年时，由集中控制的国有企业生产的工业产值已占全国的近四分之三。

事实上是政府政策使得中国经济相对停滞、落后，主要原因是国家经济的众多方面由中央政府管理、经营，导致企业、工人和农民没有利益驱动，也几乎不存在竞争，对外贸易和投资流向主要限于苏联等社会主义国家，价格和生产控制造成整个经济的广泛扭曲。中国人的生活水平比许多其他发展中国家的还要低。1976 年毛泽东主席逝世，中国政府在 1978 年决定打破过去，按照市场经济的原则逐渐改革经济，开放与西方的贸易和投资，借此希望显著促进经济增长、提高人民生活水平。正如中国改革开放总设计师邓小平所说："不管黑猫白猫，能捉老鼠的就是好猫。"（参见 Morrison, Wayne M. 2012 年 6 月 26 日，第 2 页）这句话的意思是，判断经济改革的好坏真正重要的是看其是否能促进经济发展。

在中国的 1949—1978 年间，有一个单一的清晰动机和观念为所有规定提供了前提条件。这些规定反过来又决定了中国国内及对外的相互作用模式。然而，随着邓小平在 20 世纪 70 年代后期逐渐掌握国家领导权，改革思想变得成熟，他的观念也发生了转变。这清楚地表明一个有远见的个人是可以对社会、对一个国家产生重要影响的。邓见证了西方在科学和发展上的进步，他是一位实用主义者，愿意学习新思想。

因此，1979 年标志着几项经济改革的开始。体制改革开始于中国东南部的广东和福建两省，之后在最短的时间内推广至其他地区。体制改革触及了经济、农村和城市等所有的领域，推动中国的经济转型。中央政府对农民实施价格和所有权激励机制，允许农民在自由市场上出售一小部分收成。

此外，政府还在沿海设立了四个经济特区，目的是吸引外资、促进进出口，大力引进高科技产品到中国。

紧随而来的其他改革是分阶段进行的，为了将经济决策权下放到一些部门，尤其是贸易。对不同企业的经济控制权也下放给省级和地方政府，通常来说也就是允许按照自由市场原则而非国家计划的指示和指导来运营、完成。另外，鼓励公民自主创业。

国家指定其他沿海区域和城市为实验区和开放区，允许这些城市、区域尝试自由市场改革，提供税收优惠和贸易激励以吸引外资。此外，逐步取消对产品的价格控制。贸易自由化也是中国经济成功的一大关键。消除贸易壁垒产生了更大的竞争，吸引了外商直接投资的流入。中国的庞大人口和巨大的国内市场也是外商直接投资流入的另一个刺激因素。中国之所以能快速从计划经济步入具有本国特色的市场经济，主要有三个基本要素，即：产权、开放市场和私有企业。然而，我们之后会看到，对经济实施主要控制的仍然是被称为发展型政府的中国政府。

经济增长过程

自实施经济改革以来，中国经济增长相当迅速。当前中国经济的发展得益于长达几十年的持续改革措施，这些改革可以分为三个阶段。第一阶段是 1958 年至 1978 年，政府实施了分散指挥的经济体系，改革的重点是中央政府将权力及盈利所得下放至各级政府。第二阶段是 1979 年至 1993 年，为增量改革阶段，重点是推动国有企业以外领域的经济发展。私有企业实力增强，推动了整个国民经济。第三阶段是从 1994 年至今，为推进阶段 。这一阶段的目标是建立市场经济，实施全面改革，以便更好地推动全球经济一体化。各阶段中这些要素是相互穿插的。

中国重大经济转型的关键是中国个体企业和工厂层面的工业化。同时要注意，在我们看来，中国工业改革的推动力主要源于两项非常成功的改革举措：开放政策和农村改革。还需要注意的是，开放政策开放了中国沿海城市的对外贸易、投资、新技术的流入、管理项目和对外交流。农村改革直接提高了农业的生产力，而生产力的提高反过来在解放个体创业计划和地方政府创业计划的同时也极大地增加了国内储蓄和剩余劳动力的供应。开放政策和农村改革一起实施创造了新的工业企业形成的高潮，造成许多商品的激烈竞争，给技术变革和体制变革带来了动力。这些改革促使中国由中央控制的贸易制度、生产要素分配制度和工业企业制度不断适应现代市场经济的要求。这两项改革举措事实上创造了一个允许新资本、新劳动力、新管理项目和新公司形成或流入的良好环境，从而引发全国各地发展的有效竞争。比如一个资料来源中记载，截至 20 世纪 90 年代中期，中国 700 多万企业雇佣的工人数量超过 1.4 亿，这个数字相对于 1978 年的 5000 万来说是猛涨的，也几乎相当于 28 个经合组织经济体的工业劳动

力总数。（世界银行 1997）

根据中国政府的统计，自 1953 年至 1978 年，GDP 年度实际增长率预计为 6.7%，虽然很多分析家声称中国这一时期的经济数据是有问题的，因为有中国政府官员的夸大，年均实际 GDP 增长率预计应为 4.4%。（Maddison, Angus, 2007）自 1979 年开始的改革过程中，中国的 GDP 年均实际增长率为 9.9%。这基本上意味着，中国平均每八年能够实现经济规模翻番。（经济学人智库，依据为中国政府官方数据，2012）该资料还进一步表明始于 2008 年的全球经济衰退对中国经济也造成了影响，尤其是出口企业。中国的 GDP 实际增长率从 2007 年的 14.2% 跌至 2008 年的 9.6%，到 2009 年跌至 9.2%。作为应对，中国政府实行了规模较大的经济刺激计划和扩张性货币政策。这些措施促进了消费和投资，帮助遏制了中国经济的急剧衰退。2010 年，中国的 GDP 实际增长率为 10.4%，2011 年为 9.2%。2012 年的第一季度，实际 GDP 同比增长了 8.1%。

很多人想了解中国经济增长的原因。但经济学家通常把中国经济的快速增长归因于两个主要因素：大规模资本投资（通过大量国内储蓄和外国投资提供资金）和生产力的快速发展。这两个因素是紧密联系的，经济改革带来的是更高的经济效率，从而提高产值，增加额外经济投资资源。（美国国会研究服务局报告，2012 年 6 月 26 日，第 5 页）中国保持了历史上的高储蓄率。中国的储蓄总额占 GDP 百分比稳定增长，到 2010 年已达到 53.9%，是世界上最高的储蓄率之一，而美国仅为 9.3%。（经济学人智库数据库，2010）因此，大规模的储蓄使中国能够促进国内投资。

该资料显示，中国的国内储蓄总额规模远超过其国内投资规模，这意味着中国是一个大型的全球净债权国。

还有一些经济学家认为生产力的提高（即效率的提高）是中国经济快速增长的另一重要因素。生产力的提高主要归因于资源再分配至更有效率的地方，尤其是之前由中央政府强力控制的农业、贸易和服务业等部门。中国政府已表明，希望从当前不惜任何代价追求快速发展的经济模式转为更“智能”的经济发展模式，后种模式追求的是减少对能源密集型企业和高污染企业的依赖，更多依赖高科技、绿色能源和服务。根据 2012 年国会调查报告显示，以名义汇率按美元来计算中国的经济规模，2011 年中国的 GDP 是 11.2 万亿美元，不到美国经济规模的一半。

中国外商直接投资流入量

中国的贸易、投资改革和激励导致 20 世纪 90 年代初外商直接投资剧增。外商直接投资流入成为中国生产力提高、经济贸易快速发展的一个主要原因。据报道，2010 年在中国注册的外资企业（FIEs）有 445244 家，雇佣有 5520 万员工，其中 15.9% 是城市劳动力。（2011 年《中国统计年鉴》）根据该资料显示，2011 年中国的外资企业进出口份额占整个出口的 52.4% 和进口的 49.6%。据中国政府统计，中国年度外商直接投资流入量从 1985 年的 20 亿增长至 2008 年的 1080 亿。受全球经济衰退的影响，2009 年中国外商直接投资的流入量下降了 12.2%，跌至 900 亿。2010 年的外商直接投资流入量总计为 1060 亿，2011 年总计 1160

亿。[联合国贸易和发展会议（UNCTAD）和中国商务部，2011]

按照联合国贸易和发展会议统计，截至2011年底，中国外商直接投资的累计规模或存量预计为1.2万亿美元，使中国成为仅次于美国的世界外商直接投资的第二大目的地国。1979—2011年间中国累计外商直接投资的最大来源是中国香港（占总额的43.5%）、英属维尔京群岛、日本、美国、中国台湾、新加坡和韩国。

中国日益增长的外商直接投资流出量

20世纪80年代至90年代中国经济现代化和发展战略的一个重要方面是吸引外商直接投资到中国，以促进开发公司的发展。这一时期中国公司在海外的投资受到极大的限制。但是到2000年，中国领导人提出了一个“走出去”的新战略，旨在鼓励中国公司，尤其是国有企业（SOEs）进行海外投资。推动这种投资的一个关键因素是中国大量积累外汇储备。按照传统，这些外汇储备的大部分用来投资美国国库券等相对安全但收益较低的资产。迈克尔·马丁于2007年9月29日提供的证据显示，中国政府正式创办中国投资有限责任公司（CIC），该公司初始资本为2000亿美元，是世界上最大的主权财富基金之一。（Martin, Michael F.,《国会调查报告》，2011年）隐藏在政府鼓励更多外商直接投资对外流出动机背后的另一个因素是获取自然资源，如石油、矿物和政府认为对维持中国经济快速增长必要的其他原材料，以及开发拥有自主品牌并具有全球竞争力的中国公司。此外，投资或收购外国公司也是中国企业取得所需技术、经验、管理技能，主要是国际认可品牌的一种方式，以使中国企业更具全球竞争力。

根据不同资料显示，中国已成为全球外商直接投资流出的一个重要来源。中国的外商直接投资流出量从 2002 年的 27 亿美元增长至 2011 年的 676 亿美元。（中国商务部，2011 年度中国对外直接投资统计公报）联合国报告显示，2011 年中国成为全球第九大外商直接投资来源国。（联合国贸易和发展会议，《全球投资贸易监测》，2012 年 4 月 12 日）该报告还显示，2011 年中国对外外商直接投资存量预计为 3849 亿美元。

中国资料显示，2010 年中国外商直接投资流出的五大接收地分别是中国香港（占流出量总额的 56.5%）、英属维尔京群岛、开曼群岛、卢森堡和澳大利亚。美国排第七。中国商务部还表明，按照 2010 年的外商直接投资存量，大型的中国公司海外投资者中有十分之四是石油公司。

根据亚欧资本联合集团（一家追踪中国外商直接投资流量的公司）2011 年龙指数，56% 的中国对外外商直接投资为新工厂和新商业设施等全新项目，44% 与兼并收购有关。就行业而言，2011 年 51% 的中国外商直接投资投入了石油和矿物等资源领域，22% 投入了化学制品，14% 投入了服务业，12% 投入了工业，剩余 1% 投入了汽车产业。2011 年国有企业资金额占中国外商直接投资兼并收购的 72%。（亚欧资本联合集团龙指数，2011 年全年）该资料预测，2012 年第一季度中国的对外外商直接投资为 214 亿，而国有企业的兼并收购占 98%，这些兼并收购大多和资源有关。（亚欧资本联合集团龙指数，2012 年第 1 季度，可从该公司网站上查到）

中国贸易

经济改革、贸易和投资自由化帮助中国成为重要的贸易强国。中国商品出口额从 1979 年的 140 亿美元增至 2011 年的 1.9 万亿美元，同时期的商品进口额从 160 亿美元增至 1.7 万亿美元。（经济学人智库，2011 年）该资料进一步表明，中国进出口额年均增长率分别为 19.5% 和 18.4%。据中国商务部统计，尽管由于全球经济衰退，2009 年中国进出口额与 2008 年相比急剧下降，但都在 2010 年恢复，并超过危机前水平。（中国商务部统计，2011）

2009 年中国超过德国成为世界上最大的商品出口国和第二大商品进口国，中国的全球进口份额从 2000 年的 3.3% 增至 2011 年的 10.4%；世界银行在此基础上预测此数字到 2030 年会增长至 20%。（世界银行，中国 2030，2012，第 14 页）世界银行还指出，截至 2011 年底，商品贸易顺差、大规模对外投资和为维持汇率大量购入的美元外汇储备达 3.2 万亿美元。

根据贸易记录显示，2011 年中国的主要贸易伙伴包括欧盟的 27 个成员国、美国、日本、中国香港、韩国和东南亚国家联盟（ASEAN）的十个成员国。（参见全球贸易数据库和世界贸易数据库，2011）根据中国资料显示，中国保持对美国、欧盟 27 国和香港的巨额贸易顺差。比如，中国报告显示，中国对美国的贸易顺差为 2062 亿美元，对欧盟 27 国的贸易顺差为 1448 亿美元。（中国商务部，2011）

中国日益增长的能源需求

中国经济的快速发展刺激了对能源日益增长的需求，如石油和煤。这种需求逐渐成为对决定能源价格越来越重要的一个因素。根据国际能源署（IEA）报告，2009年中国超过美国成为世界上最大的能源消费国。相比之下，2000年中国的能源需求仅是美国的一半。（国际能源署，《2011年世界能源展望报告》）该报告还显示，预计2008年至2035年中国的能源需求将占该时期全球能源需求增长量的35%。而且，有断言称，预计到2035年中国将比美国消费多70%的能源，尽管就人均消费来看，中国的能源消费也不足美国的一半。

中国是仅次于美国的世界第二大石油产品消费国，和1997年的每日390万桶（bpd）相比，2011年的每日消费为980万桶。预计到2035年该数字会升至1690万桶（美国能源信息署，预测和分析，2011）,1993年中国成为石油净进口国（即进口数大于出口数）。石油净进口量从1997年的每日63.2万桶增至2010年的每日约500万桶，使中国成为仅次于美国的世界第二大石油净进口国。（美国能源信息署，中国能源新闻专线和2010年6月英国石油公司《世界能源统计报告》）此外，预计到2030年中国的石油净进口量将升至每日1310万桶，该数字相当于同年整个欧盟的进口量。（国际能源署，国际能源展望，2011年9月19日）

中国经济面临的挑战

中国经济在过去三十年间呈现出持续显著的增长，许多经济学家预测在不久的将来中国经济会有较健康的发展。但经济学家同时也提醒说，该预测发生的前提是中国继续对其经济进行重大改革。他们还指出，中国当前的经济模式已产生很多负面的影响，如过分依赖固定投资和出口以促进经济发展、很多领域普遍存在的低效率（主要因政府的产业政策、广泛的污染和日益扩大的收入不平等导致）等。中国经济学家和经济分析师还认为中国经济的很多问题和挑战源于向市场经济的过渡并未完成，以及政府不惜一切代价实现经济增长目标导致的失衡。中国政府仍坚持认为中国是“社会主义市场经济体制”。也就是说政府认可、允许在一些领域利用自由市场的力量促进经济发展，但政府在国家经济发展中仍然占主要地位。

中国的银行体系主要由中央政府控制，这是为了确保资金（贷款）流入政府认为对中国经济发展必要的产业。中国不允许其货币浮动，因此必须大量购入美元，确保汇率维持在既定的水平上。政府设定很低的存款利率，且存款利率总是低于通货膨胀率。

中国的经济发展模式强调中国重工业的发展，这些重工业中很多是能源密集型和高污染型工业。根据世界银行数据，世界上污染最严重的 30 个城市中有 20 个在中国，这 20 个城市为经济增长付出了重大代价，如健康问题、粮食歉收和水资源短缺等。

由于中国工业的定位是在国际市场取得竞争力，所以中国工业的发展受国际经济变化的影响越来越大。在国际层面上，中国的竞争力相对来说仍然较弱，因为中国工业在国际劳动分工中仍处于中游，而且中国的技术和其他工业化国家相比水平仍然相对较低。因此，中国需要推动本国工业和技术的进步，从而提高自身的国际竞争力。

中国面临的其他挑战还包括环境污染、政府腐败、土地征收、收入差距导致的破坏、一些规章制度缺乏一致性和透明性等众多问题产生的公众骚乱。然而，虽然要经历这些及其他的经济挑战，但中国经济的快速发展以及中国的经济实力使中国取得世界大国的地位，中国将继续在世界舞台上作为有力一员继续成长、使自身更现代化。正如上文所述，自 1979 年以来，中国的经济发展经历了三个十年阶段以及以市场为导向的改革，并受到了主要由国内因素及经济全球化和全球工业进步驱动的经济演变和结构转变的影响。人们认为中国经济会继续受到同样原因的影响。接下来的几十年，中国经济是否可以沿着这条辉煌的道路继续走下去，还取决于政府如何好好解决新挑战、继续完成改革进程。

和过去相比，有必要认识到我们步入 21 世纪时在全球化的影响下其他同等重要的因素已经引起人们的注意。这些新力量包括但不限于将之前集中控制的经济体转变为市场经济体；将经济发展过程中的进口替代战略转变为以出口为导向的发展；使用跨国管理策略；大公司在发展中国家进行全球扩张；因现代服务和信息技术进步增加的商品流动、服务流动、人才流动和资金流动；以及因鼓励国际资本流动的定位而带来的稳定的政治环境。因此，经济全球化有助于保持产生激烈竞争的国民经济的一体化。

中国的关注焦点：非洲

由于经济关系机会的多样化，中国经济合作的范围也扩大了。亚洲、非洲和拉美国家显现出极大的经济发展前景，并成为全球变化中的重要经济力量。中国作为发展道路和模式的倡导者已成功渗入到发展中世界的经济体中。中国如今已成为全球的经济、政治强国之一。它是仅次于美国的全球第二大经济体。中国在联合国安理会有一票否决权，也是一个核大国 。中国的经济实力有效影响了世界经济，打破了由西方工业国家主导的传统秩序。还有一个显而易见的事实是，由于中国经济的发展，世界经济的重心已向东转移。

下一章中我们会看到，非洲无法摆脱中国发展的影响。中国如今已直接或间接影响了几乎所有的非洲国家。中国投资人、外交家和专家都积极地在非洲大陆上活动。由于中国的合伙和援助不附加任何政治条件，所以目前中国在非洲受到了各方面的热烈欢迎。冷战结束后中国在非洲的存在主要有以下几个原因：非洲长期存在的发展滞后问题，冷战结束后非洲被边缘化，非洲大陆对社会运动造成的转变产生新渴望，以及非洲新兴经济体的影响等。因此，如今在非洲的政治、双边关系和多边关系等各个领域都可以见到中国的势力。当下的事实是，中国正在利用对当前及未来非洲的发展和全球产生的深远影响震撼着非洲大陆。这种新发展引起了震惊、复杂的情绪及反应，尤其是在西方。但对非洲来说，这是对一个曾被西方视为注定失败和无望的大陆的祝福。在世纪转折之初，中国为非洲带来的政治、经济影响是极其显著的。中国的体制改革成果和快速发展方式为非洲以及整体发展中国家提供了经验。我们如何描述这种关系的特征？这种关系对非洲发展有什么影响？这种关系和非洲过去与西方之间的关系有什么不同？我会在接下来的章节中阐释这些问题以及其他问题。

第四章　非中关系：全面分析及影响

随着全球南部联盟成为非洲发展所需资金及技术知识的重要供应者，非洲的发展情况正在改善。自 20 世纪 90 年代后期起，中国已成为非洲最重要的新兴战略合作伙伴，中国企业也加强了与非洲企业的贸易、投资关系。非洲大陆对中国不再感到陌生，但近几十年来，中国对非洲的新影响力大大增加。中国的参与发生在新的转型和自主意识开始显现，整个非洲大陆商业和政治环境都有所改善的时期。日益增强的贸易和投资关系往往会得到中国政府拨款和优惠贷款的支持，这也是中国"走出去"战略的一部分。这一深度加强的参与一部分是中国在全球舞台上实力发生变化的结果，另一部分原因是中国对非洲丰富的自然资源感兴趣，它可以支持其经济飞速发展。对非洲来说，这为其提供了新的发展思路。

事实上，中国贸易和投资的很大一部分与采掘工业和相关基础设施有关。同样重要的是，基础设施的发展很明显是非洲经济的重点。非洲开发银行集团的首席经济师和副总裁指出，非洲每年的基础设施投资缺口约为 500 亿美元，中国对减少非洲大陆交通、电力和电信赤字的贡献是对各国政府、私人投资者和捐助地区努力的补充，这一补充是受欢迎的。（Ncube, Mthuli, 2011, 第 4 页）非常清楚的是，中国对非洲经济的影响开始在各个领域中取得成效。比如，中国在几个非洲国家建立的经济特区有可能显著提升许多非洲国家的制造能力。对非中关系的综合评价以及对机遇、挑战的分析能帮助我们理解这种日益增强的交流的本质。我们将探究这种关系的发展过程以及中国的经济、技术、企业和知识资源是如何使非洲经济受益的。

从历史上看，中非现代关系开始于 1949 年中华人民共和国成立之后。记录还显示，在中国共产党建立政权之初，约有 10 万中国人逃往非洲并落户南非、马达加斯加和毛里求斯。（维基百科：非中经济关系）非洲的中国人数量自 1980 年后通过经济交往大量增加。

本章中我将通过概念化中国在非的经济活动、分析这种不断演变的关系对非洲大陆经济发展的影响及后果，批判性地审视非中关系。在详述之前，我们先来简单看下冷战结束后的国际局势（新的非中关系也是在此期间产生），并对合作原则进行简单说明。

国际局势

要全面了解导致非中关系急速升温的原因，需要简要分析冷战结束后的国际局势。在这里我还要说明的一点是，我们在这里所说的非中关系崛起仅指冷战后发展起来的近期关系和不断加强的关系。这绝不意味着说非中关系只是仅二十年间发展起来的。

实际上，非中关系的现代史始于1949年之后，但中国与非洲的交往可追溯至几个世纪之前。但就这一点而言，本书的重点必然是关注、评估20世纪90年代后的发展。

20世纪90年代和21世纪初发生了很多重大事件，这些重大事件推动非中关系进入历史性发展时期。冷战的结束激发了前社会主义国家和发展中国家追求平等、自由、民主和发展变革的公共运动。政府不堪忍受压力，他们的权威受到了挑战，许多国家的稳定和安全受到威胁。当时局面的突出特点还包括南北之间差距不断扩大、多极政治的新表现、日益加剧的恐怖主义威胁和呈点状式爆发的地方冲突。另一方面，后冷战时期也创造了一个有利的环境，希望在影响所有人的问题上为共同商品建立全球共同价值。加强国际合作、遵守国际惯例和国际规则并努力实现共同发展、安全和繁荣也成为多数国家的共识。还有一点很明显的是，尽管存在很多挑战，但对全球和平、合作和发展的渴望仍然是不可抵挡的历史趋势。全球化现象比其他任何时候都要敏感，因为自东欧社会主义瓦解、苏联解体后全球国际关系迅速进入了多极体系。

确实值得注意的是，在世界上很多地区，传统安全方面的挑战仍然与新型安全威胁并存。种族和宗教原因引起的冲突或边境和领土主张产生的冲突、贫困和落后、不同原因产生的政治压迫、治理不善、缺乏民主和环境挑战等仍在不时造成破坏，尤其是在非洲。就这一点而言，世界还远未找到应对众多挑战的持久解决办法。巴勒斯坦长期存在的问题、伊拉克和阿富汗危机、印度和巴基斯坦在克什米尔问题上的政治僵局、朝鲜半岛的紧张局势、伊核困境以及全球恐怖主义的危险仍然在考验全球治理的能力并成为对国际和平和稳定的威胁，对全球影响深远。

这一时期取得的进展对非洲产生的影响比世界上任何其他地区都重大，许多明显的原因已在上文详细阐述。冲突、军事政变、日益增长的全球恐怖主义威胁伴随着经济全球化的不利影响以及非洲大陆发展落后的现状仍对非洲未来前景构成真正的挑战。

但是，非洲已摆脱绝望的处境。冷战后发生的事件也为非洲提供了大量机会来表达自己、规划自己的未来。它努力用各种方式吸取过去的经验、利用可用的良好环境。这些都是导致新型非中战略合作伙伴关系产生的原因。非中都处于一个历史性时期，很多国家都想知道如何理解这种现象，这种好奇心产生了不同的反应。

合作原则

国际关系中的合作是国际政治的主要形式，可以被定义为两个或两个以上的国家或地区以合作伙伴关系采取共同行动，并致力于实现具体目标。国际合作涉及军事、政治、经济、贸易、社会和文化等多方面的共同利益。国际合作有多种形式：双边、多边以及利用联盟或政治集团。国际合作不仅可以发生在友好国家之间，也可以发生在不友好国家或交战国之间，以在特定条件下采取某些联合合作行动。合作承诺可以是正式的，也可以是非正式的。如果是正式的，参与者要受到规定目标和活动的合同之约束，这种关系在国际机构的建立中有所体现。如果是非正式的情况，合作参与者不会对其具体利益作出规定，一些广泛意义的条款如共同发展、保持和平关系的共同意愿及很大程度上要临时基础上处理参与者之间的关系除外。在这一点上，国际法规定国家之间要基于人道主义及全球和平、稳定的利益处理他们之间的合作关系。

非中关系环境

在涉及非中关系的讨论时，我们应该注意到非洲是一个拥有54个国家以及发展中国家最多的大陆，总人口超过十亿，而中国是一个拥有最多人口的国家，总人口超过13亿。非中关系近年来的发展引起了众多关注，产生了不同的反响。由于非中关系产生的巨大影响，非洲，这个过去被贴上注定失败和绝望标签的大陆，如今被那些一直以来忽视非洲、边缘化非洲的人士称为“崛起”的大陆。我们目睹了有关中国动机问题的演变。中国是否是新的殖民国家？ 或者说它作为非洲的战略合作伙伴准备提供之前殖民国家没有的东西？会产生什么影响或者说会对非洲或更多地区产生什么影响？在全球范围内，从学术界、智库、媒体到外交家等，非中关系问题无疑已成为最具争议的问题之一 。要阐明这一点，我们必须要分析非中关系的主要特征以及面临的挑战和机遇。

需要着重强调一下背景，中国首次与非洲接触的历史可追溯到公元前2世纪，当时唐朝人杜环到达过非洲东部。新中国成立后的 20 世纪 50 年代中期，1955 年，包括六个非洲国家在内的 27 个发展中国家参加了在印度尼西亚举行的万隆会议。1949 年新中国成立后至 1955 年中期之间，中国外交的核心目标是巩固来之不易的独立。随后，中国立即开始支持非洲反殖民主义的斗争。到 20 世纪 60 年代中期，这种参与达到了高潮，因为非洲摆脱殖民化的进程创下历史纪录，该大陆有 29 个国家在这一时期获得独立。（Yu, George T., 1975, 第 7 页）从 1963 年 12 月 13 日至 1964 年 2 月 5 日，周恩来总理和陈毅副总理访问了十个非洲国家，并称“整个非洲大陆是一片大好的革命形势”。（Meredith, M., 1984, 第 177 页）以和平共处五项原则为指导，中国对非洲和阿拉伯国家实行以下原则：

1. 支持非洲和阿拉伯各国人民反对帝国主义和新老殖民主义的斗争；

2. 支持非洲和阿拉伯各国政府奉行和平中立的不结盟政策；

3. 支持非洲和阿拉伯各国人民用自己选择的方式实现团结和统一的愿望；

4. 支持非洲和阿拉伯国家通过和平协商解决彼此之间的争端；

5. 支持非洲和阿拉伯各国人民的主权。

然而，非中关系在 1965—1970 年间受到了挫折，原因是中国正经历“文化大革命”时期，而对于新独立的非洲国家来说当务之急是面临的冲突挑战以及国家建设进程。但自 20 世纪 70 年代起，这种情况改变了，非中关系恢复了，因为中国开始“走出去”，而非洲国家支持中国恢复联合国安理会合法席位。截止到 20 世纪 70 年代早期，中国已和 29 个非洲国家建立正式的外交关系。（Yu, George T., 1975, 第 11 页）中国这时与坦桑尼亚的关系被认为是一种典范，因为中国首次在农业和基础设施领域启动了一系列经济和技术援助，其中最大的援助是中国提供 4 亿美元的无息贷款援助，建设了长达 1800 公里的坦赞铁路。同一时期中国还资助建设了一些标志性项目，如足球场和公共建筑等。从一般的观点来看，中国在其外交政策中始终将非洲国家视为合作伙伴，它们有共同的目标，即和殖民主义、帝国主义做斗争，并且继续承受新殖民主义的压迫，所以中国认为它和非洲的经历是类似的。在中国看来，非洲是一个可以捍卫共同利益并和它面临同样挑战（发展及外部压力挑战）的合作伙伴。

第三阶段的非中关系即为当下的非中关系，开始于 1979 年中国实行改革开放后。自此非中关系进入历史性发展阶段，并于 20 世纪 80 年代后期得到迅速发展，对非中双方及整个世界都产生了极大的影响。非中双方在很短的一段时间内即真切地开始感受到了双方关系发展的成果。中国经济的快速发展使其能够和非洲进行更广泛、更主动的交流，许多非洲国家的经济从过去的许多挑战中开始增长。非洲视中国为发展的典范，中国也认为非洲是一个拥有丰富自然资源的富裕大陆和逐渐成长的消费市场。

中国在与非洲交往的早期即开始支持一些非洲国家开展承包项目、技术服务和基础设施项目。中国援助的指导目标是受援国必须可自由管理其发展议程，中国的作用仅限于转让技术和物资。确保中国在非资助项目可持续性的方法是帮助非洲国家加强国家管理和维护、促进技能发展。人们可能会注意到，在过去中非发展合作的三十年中，最重要的价值是承认和受援国政府及其选区的密切磋商是保持工程和项目可持续性的先决条件，以及承认建设能力应该转化为知识和技能的真正转让，尤其是对中国资助的项目来说。（Cheru, Fantu and Obi, Cyril, 2010b, 第 80 页）

的确，所有这些都是在继冷战结束后非中双方出现的良好发展情况下发生的。接下来我会对其进行分析。

影响非洲发展的重要因素

非洲大陆具有远见的领导人的出现

作为冷战高潮的直接后果，席卷整个世界的改革之风也对非洲产生了重大影响，尤其是在 20 世纪 90 年代初，导致非洲大陆许多地区发生了广泛的暴动和针对中央政府的社会抗议。这些冲突的类型大部分是内在性质的，包括军事政变、分离主义运动和反叛。许多抗议活动很强大，是由武装革命运动引导的。这些运动发生的原因几乎如出一辙，即呼吁改变专制政权、建立民主的善治体制、实行广泛的经济和社会改革以摆脱贫困。建设发展所需的先决条件即和平和安全、确保尊重人权和人人平等的宪政治理（不论其国籍、种族或宗教如何）、改善国家的国际形象、制定坚持国家独立选择并注重建立良好合作关系的外交政策。

大多数非洲国家自独立以来长期存在的问题，如冲突、治理不善、社会压制和剥削、贫困和发展落后的不利影响催生了社会运动，因为后冷战时期的形势为这种公开暴动提供了有利环境。这一时期的非洲在处理这些问题上经历了重大挑战和机遇。最重要的是，冷战结束后的全球化强度也为非洲带来了积极和消极的独特影响。戈兰和盖尔认为拥有各种形式的全球化（包括社会、文化、政治和经济各方面）往往会对冲突产生负面影响，其方式是通过制造困难导致愤懑、破坏社会凝聚力、引起仇外心理、原教旨主义对外界影响做出的反应，或通过资源（货币、武器、人员、思想）流动来维持暴力，使武装冲突永久化。（Golan and Gal, 2009, 第 123 页）非洲见证了所有这些挑战，并且这些挑战仍然制约着整个大陆。但全球化也有很多积极影响，包括向各国提供了通过全球联系利用、学习其他国家新技术、知识、创新和新思想的机会。

多数情况下由武装斗争支持的社会运动带来的不仅仅是革命思想还有新一代的非洲领导人，他们已经展示了对各自国家及整个非洲大陆的愿景。其中出色的代表有埃塞俄比亚、乌干达、卢旺达、利比里亚、塞拉利昂、莫桑比克、毛里求斯、南非、安哥拉、博茨瓦纳、坦桑尼亚和加纳等国家的新领导人。除了后三国外，其余国家的新领导人都是在 20 世纪 90 年代长期的国内武装冲突、政治斗争和战争中涌现出来的。这些国家富有远见的领导人的成果反映在设计一系列改革、设立机构并使其国家走上发展道路和建立民主治理等方面。因此可以说非洲转型首先是从内部开始的。

非洲经济改革的推动

20 世纪 80 年代中期到 20 世纪 90 年代上半期这段时间被认为是非洲经济政治最困难的时期，因为非洲大部分地区都被战争、内乱、政变和社会运动所吞没。1994年杀死将近一百万人民的卢旺达大屠杀是整个世界都不会忘记的非洲最糟糕的历史事件之一。然而，随着全球和非洲的政治环境迅速发生变化，非洲的经济改革方案开始形成于20世纪90年代。非洲国家在国际货币基金组织和世界银行的指导下开始了多党民主和经济自由化的进程。在非洲经济的复苏中市场力量需要更多自由。非洲开始评估其过去和未来以表明方向。许多非洲国家开始实行积极的改革和政策以加快私有化进程，开放了基于双边关系和多边关系的国际贸易。

非洲结构调整计划的失败、发展危机和脆弱的机构引发了对非洲选择发展新道路的重新思考。这也因此成为非洲发展和治理理念方面的新范式转移的开始，因为发展和治理的重点从宏观经济稳定、国家安全和选举民主转向提高人民的生活水平、参与式民主和合作治理。所以，国家作为改变的一个主要参与者被引入到发展过程和治理过程中来。很多非洲领导人将这一想法付诸行动，并对转型做明确记录。为此，许多非洲国家继续将重点放在经济发展、扶贫、缓解冲突和确保政治稳定上。相应地，大多数政府制定了发展计划，其任务是追求经济和社会变革，而在这些过程中，各州担任发展的主体和推动者。

非洲经济的开放和变革为中国提供了一个经济发展和“走出去”战略寻找新领域的机会。中国看到了非洲在寻求扶贫和确保和平稳定过程中对经济转型的渴望。中国非常清楚非洲作为一个全球经济、政治影响日益增长的同盟和合作伙伴的重要性，因此中国寻求和非洲各国进行经济政治合作，不附加任何政治条件。

他们鼓励与非洲各国建立合资企业，并为他们在非洲大陆的产品开拓新市场，尤其是家用电器、服装和其他国内产品，因为这些产品在非洲更容易被接受。非洲商界人士也看到，和从西方进口的商品相比，中国制造的商品和设备更便宜、更实惠。而且，由于许多非洲国家的国内市场规模较小，竞争力不大，中国的机会就变得很大。中国还意识到了非洲拥有丰富的自然资源这一事实，尤其是原油、战略性矿产资源、有色金属和渔业资源。还需要注意的重要一点是，非洲为农产品出口找到了新的前沿市场，即巨大的中国市场，也获得了投资来源和经济发展政策援助。

20 世纪结束之际，非洲的发展愿景已被国际关系转型挑战所界定。国际舞台上的新发展为非洲改变其在全球政治和经济领域的长期边缘地位提供了契机，并从冷战后美国领导的单极秩序中有所转变，其中全球南部联盟将极大地影响国际事务。中国、印度、巴西、韩国和南非是其中的主要参与者。从这个角度来说，中国已经成为非洲最重要的经济和政治合作伙伴，而且它的成功极大地影响了非洲大陆，在非洲大陆西部地区的情况很差的时候改变了非洲的国际关系。很明显，非洲大陆不再处于西方影响的垄断之下。另一方面，非洲将中国视为未来发展的动力源。中国制定了非洲政策方向，通过援助、增加贸易和投资非洲经济的战略部门，利用国际政治影响力来帮助非洲，进入不断增长的市场，并从非洲获得所需的大量原材料。

对非洲来说，过去二十年，西方日益将非洲边缘化，中国作为一个潜在的重要发展伙伴，出现在非洲国家一直在投入新的动力、重新审视过去半个世纪非洲发展过程中出现的问题的时候。

20 世纪 90 年代初，有利的内部因素和外部因素为认真讨论非洲一体化和发展问题提供了机会。（Cheru and Obi 2010, 第 264b 页）

非洲冲突水平的降低

有两个重要因素在非洲冲突水平的降低中发挥了重要作用。第一个是冷战结束后席卷许多非洲地区的国内冲突浪潮到 20 世纪 90 年代下半期开始平息，因为许多非洲国家政府实行了新的改革和政策来应对本国的挑战并回应了他们对善治和扶贫的社会要求。非洲领导人在通过非洲大陆组织即非洲统一组织预防、处理和解决非洲大陆的冲突方面也发挥了决定性的作用。此处提下一些冲突热点地区。厄立特里亚脱离埃塞俄比亚引发的长期战争于 1991 年以独立公投形式结束。埃塞俄比亚的反军事独裁统治在经过长达 17 年的社会运动和武装斗争于 1991 年取得成功。卢旺达、乌干达、布隆迪、大湖地区，利比里亚和塞拉利昂的国内冲突结束了。南非的种族隔离制度通过非洲人的革命斗争告终，这预示着民主制度的到来。莫桑比克和安哥拉独立后爆发的内战以民主选举及政治解决方式结束。1998 年爆发的埃塞俄比亚 - 厄立特里亚边境冲突于 2000 年结束。

因此，非洲统一组织在 20 世纪 90 年代为建立冲突预防、处理和解决机制做出的外交、政治努力成效显著，明显减少了上述热点地区的冲突。在处理非洲冲突时值得提及的另一个领域是非洲统一组织处理非洲政府违宪变革的挑战，因为违宪变革是不稳定和破坏的根源。然而，这一情况在非洲统一组织作了持续的外交努力后于 1997 年有了改变，这些外交努力包括非洲领导人在津巴布韦哈拉雷举行的首脑会议上通过了一项反对政府违宪的决定，并在2000年于多哥洛美举行的首脑会议上进一步明晰了其执行的法律框架。（AHG/Decl.5/ XXXVI, 2000）非盟于2002年取代了非洲统一组织，旨在为非洲的冲突预防提供坚实基础和机制。非盟的冲突预防原则包括促进民主、善治、法治、发展以及保护人权。因此，解决冲突这一问题已成为非洲领导人为发展努力的主要目标。这两个因素是相互联系的。我们还应注意到，尽管非洲做出了努力，但截至2012年底，非洲仍尚未摆脱冲突或冲突相关危机的危害。但整个非洲大陆在发展的各方面都有了快速的转变。国际社会对非洲的看法也在发生变化。因此，非洲冲突强度的降低和数量的减少为经济发展和政治稳定创造了有利条件。

中国崛起对非洲发展的启示

由于对西方的依赖以及殖民遗留的后果，非洲政治经济长期以来的一个失败显现出来。中国奇迹般的发展，非洲人开始评估自身过去以查找问题的时候。正如切鲁和奥比所说，寻找取代西方市场主导模式的替代方案以及以“变革性发展模式”取代的可能性，已经导致非洲国家都在考虑从中国发展中吸取一些重要的经验教训。（Cheru, Fantu and Obi, Cyril, 2010a）因此，当中国、印度和其他一些亚洲国家的经济快速发展时，非洲可以从中得到启发并找到发展的替代模式。特别是中国在很短的时间内一跃成为世界新兴经济体，极大鼓舞了冷战结束后刚刚进行变革的许多非洲国家。这些国家想效仿中国的发展模式。顺着这条线，奈都和戴维斯认为中国成为“有别于西方传统模式的一种令人耳目一新的选择……非洲政府将中国的参与看作是脱离西方新殖民主义和政治条件的一个出发点”。[Naidu, S. and Davies, M.(2006)]

一位尼日利亚分析师也赞同奈都和戴维斯的观点，认为：“对非洲当代的一些统治者来说，中国是成功取代‘西方政治和经济模式的一个’生动例子……对于许多非洲人来说，经过二十年的经济‘改革’，他们在身体和心理上都疲惫了，而这些改革是由非洲各国政府实行，由西方政府、捐助者和国际金融机构驱动的。中国代表着另一个世界的希望，在另一个世界中面包会先于自由来到。”[Obiorah, N(2007, 第 8 页)] 中国的发展道路为许多非洲经济体提供了除强硬的新自由主义经济模式外（俗称为“华盛顿共识”）的另一种具有吸引力的选择。尽管中国强调它无意输出任何形式的发展模式，但非洲确实从中国发展模式中学到了很多，这是事实。毫无争议，中国作为一种典范来说是一个强大的国家，它主要关注建立机构和精英阶层，认为这是促进发展的重要因素。基于同样的观点，两位知名教授范图 · 切鲁和西里尔 · 奥比（2010a）提供了中国成为非洲首选合作伙伴的三个主要原因：

1. 中国发展经历对非洲的指导价值：中国半殖民地的历史及自 20 世纪 70 年代末以来在有效的国家发展指导下的惊人成长经历，引发了非洲人学习中国在经济管理、愿景领导和本土激进经济改革取得成功以及其成功经验的兴趣。非洲感兴趣的是国内政策的经验教训以及中国政府通过实行一系列体制改革、提供财政支持、进行重要基础设施投资来释放国内生产者潜力等在积极指导市场方面发挥作用。

2. 中国投资与非洲需求的互补性：中国投资的部门领域以及伴随投资的技术转让与非洲需求是互补的。比如，在20世纪80年代至90年代的整个结构调整时期，西方发展合作伙伴关注更多是基于政策的借款以使市场更好运转，但却忽视了投资那些对提高生产力、降低贫困很关键的重要基础设施及配套服务。中国人在填补这个关键的基础设施缺口，以一种低成本、较少官僚主义作风的方式在短时间内完成。

3. 中国对非洲的正面描述：和西方国家对非洲国家注定失败和黑暗的标准分析相反，中国认为非洲是一个充满活力的大陆，处于发展起飞的开始阶段，具有可满足中国和非洲利益的无限商机。因此，中国在宣布发展合作时避免使用"资助"和"援助发展"等字眼，而更倾向于使用"团结、互惠的经济合作"、"共同繁荣"和同属"发展中国家"等表述。

在进入非洲和中国近期关系的历史关头时，我们不能忽视中国正在成为非洲的重要战略合作伙伴这一事实。同样，非中关系也给非洲大陆带来了机遇和挑战。中国贸易、投资和整体经济联系正在从根本上塑造着非洲。有些人认为，中国和非洲的交往特点本质上是新殖民主义而非合作伙伴关系。但是我会试着分析这一点和其他因素以解答这些问题并证明事实。

中国方面的因素

中国方面的因素可分为两个方面。第一方面是中国的外交政策，第二方面是非洲的战略意义。这两方面的原因可以证明这些要素是如何促进中国与非洲交往的。

中国的外交政策方面

从第一个方面来看，我们可以认为中国对非洲日益增长的兴趣是推动自身现代化进程和实现国家利益的手段，是其全球战略的一部分。中国“走出去”战略的内在目标是与各国建立政治和经济合作关系，这种合作可以取代先前冷战时期基于权力和统治力量斗争的大国关系模式。中国这种关系的主要动因可概括为五个方面：第一，在加强未来经济发展、提高国家利益的几项必要性的基础上培养、扩大其地缘政治影响力。第二，持续从非洲大陆获取丰富的自然资源。第三，打入一个正在迅速扩张的、拥有十亿人口的非洲市场。第四，在“一个中国政策”的基础上增强自身的政治合法性和在非洲的地位，从而边缘化台湾地区。第五，为南南合作创造新的轴心，将非洲作为在考虑全球政治平衡时建立以中国为首阵营的关键支柱力量之一。（Pere, Garth Le, 2007）

如上所述，我认为截至目前可以很安全地做一个演绎分析，即一方面可以将冷战结束后的非中关系理解为全球化时代非洲边缘化的逻辑结果以及已经转化为综合发展失败的非洲经济体实体部门的长期危机。而另一方面，贫困标准的提高和政治稳定也是中国经济急剧增长并融入全球市场的条件。当非洲在需要一个能够填补其经济发展缺口的合作伙伴时，它找到了中国。中国也希望填补冷战结束后由西方造成的这片空白。对中国而言，寻求能够维持经济发展和国家安全的国际关系也是其外交政策中主要的一部分。（Guoli, Liu, 2006）中国的政策决策人始终坚信，中国和其他的发展中国家必须相互支持、共同努力防止西方的过度控制。这种认知成为中国建设与发展中国家关系时的外交政策选择。然而中国当务之急是将非洲大陆视为重要资源的来源地和低端消费品市场。因此，也可以将中国对非关系放到中国的全球战略中来理解。

非洲的战略意义

必须承认非洲的客观战略重要性是中国加深与非洲交往的重要因素。很多人认为中国对非洲的主要动机是获取非洲的资源并挑战美国在非洲的影响力。这一看法确实忽略了事实的本质。尽管资源开采和资金流动对两国来说都很重要，而且中国挑战美国的战略期望也是不言而喻的，但单考虑这些并不能完全解释中国在非进行活动的所有方面。尽管如此，还需要通过考虑促进中国在非动机的长期利益和更广泛的利益来全面理解非中关系。[Campbell, H.，2008, 第 90 页] 在这个理解框架下，一种更有效的方法是在历史先例以及现实的政治、外交和文化背景下考虑非洲对中国的战略重要性。因此，非洲的参与对中国实现其创造“北京共识”以取代盛行的“华盛顿共识”这一更广泛的宏伟战略目标至关重要。

“华盛顿共识”是经济学家于 20 世纪 80 年代首次提出的一个术语，指的是以新自由主义经济原则为基础，由世界银行和国际货币基金组织等国际机构推动的经济发展模式。（Williamson,

John, 2004）另一方面，“北京共识”用来指基于以中国处理国际关系的方法为特点的新的全球秩序。（Arrighi, Giovanni, Zhang J. Lu, 2011）

历史因素很好地解释了非洲一直以来是大国的宏伟战略考虑的重要因素。作为一个大洲，非洲在历史上，不管是过去还是现在一直被外部大国重视。当然中国也不例外。从历史上看，英国、法国、荷兰和葡萄牙等欧洲殖民强国在实施帝国主义侵略和完成主导全球的过程中均认为非洲具有战略意义。（Adebayo, Adekeye, 2008, pp227–258）非洲是一个被国际水域包围的大陆，尤其是从 15 世纪到 20 世纪初，非洲对这些国家的贸易航线来说极其重要，因为非洲是这些国家用于国内生产的奴隶 / 抵债劳工的来源，是自然资源的来源地，是建立企业前哨基地及工厂、设立军事基地的地方。（Martin, G., 1985, pp189–208）历史上，大国之间为争夺对非洲领土的控制也曾发起过战争。

然而，在近代史中，非欧洲国家，如美国、俄罗斯和日本为实现这一战略目标不择手段，以使非洲参与到贸易、发展、援助行动以及武器销售中。现今，不仅是这些强国，印度、土耳其、伊朗和巴西等新兴经济体在非洲的活动也清晰可见。由于资源可用于促进经济增长、巩固经济实力。获取自然资源（有些资源只有非洲才有）也因此显示出非洲持续的经济战略意义。此外，非洲也是具有地理战略意义的，因为其中一个主要海上咽喉要道曼德海峡将红海与通往印度洋的亚丁湾连接起来，每年世界上会有超过 40% 的油轮通过这条狭窄的水域。（Davis, Glenn, Foreign Affairs, Sept.–Oct. 2007）长期以来，美国、法国和英国的武力大量进入非洲，在非洲建立军事基地、组建特种指挥部队以促进其在非洲大陆的安全利益。美国非洲司令部（AFRICOM）成立于2008年，就兵力覆盖范围和强度而言是最大的司令部。

在全球大国的战略考虑中同样重要的是非洲可以在多边论坛上利用的外交力量。54个非洲国家都有可能通过国际论坛和由全球北方各国主导的政策舞台形成强大的力量。（参见：http://www.g77.org）

同样，历史也证明非洲对中国也具有战略意义。中国将非洲纳入其推行全球化战略的框架中，将非洲视为实现其广泛战略目标的跳板。这可以从两个方向看出来。第一个主要是抑制美国在非洲的主导地位，获取非洲的自然资源和贸易，取得由最大数量发展中国家组成的非洲的支持，提高在全球影响力、增强全球利益。第二个目标包括：阻止对中国政治制度的批评；建立南南合作；证明只有尊重国家的自主权才能确保安全；通过支持非洲国家的发展，把中国在非洲的参与合法化为发展中国家的支持者。这也证明中国在非洲的作用不是为取得主导地位、输出剥削和贫困，而是为了共同利益和共同进步而努力。

地缘战略上来讲，非中之间日益加深的交往允许中国将其影响力扩大到亚洲地区以外，从而可减少美国和欧洲对非洲的影响，因为所有的非洲国家现在正通过中非合作论坛参与多项双边合作协议 。中国贸易、援助、投资和外交支持相结合为非洲发展议程带来了重大变化。

非中关系特点

如上所述，从传统上来说，非洲一直具有冲突不断和发展落后的特点，不幸的是，在冷战争端平息为国内冲突和独裁统治时，发展才真正在少数的地区得以实现。然而，非洲丰富的自然资源潜力和人力资源潜力得到了认可，随后投资开始涌入。这一时期中国不断加大对非洲的参与力度，这让非洲大陆的许多国家看到了胜利的曙光，他们希望中国的投资将有助于推动本国的经济发展。非洲和中国之间没有殖民历史，所以非洲对中国的参与没有心理偏见，这也有利于两国之间合作关系的发展。

政治关系

可以说，中非之间的当代政治关系开始于 1955 年中期中国对非洲非殖民化运动的支持。双方关系的主要基础在中国对非外交政策原则和中非友好运动中是非常重要的，因为中国和许多非洲国家都有“受害者背景”，以及都受到西方不平等对待的影响。从中华人民共和国建立到改革开放（1949—1978），中国的对非政策始终受意识形态的严重影响。这一时期，中国的外交政策深受同一时期独特的国际环境的影响。[Ross, Robert (ed.), 1993, pp11-61] 中国投身于第三世界反对殖民主义、帝国主义和修正主义的斗争前线 。因此，在特定时期，中国在非洲的外交受到中国意识形态立场的影响。中国指责一些非洲国家的共产党亲苏派有“修正主义”倾向，将他们视为意识形态的对手。自 20 世纪 50 年代开始，中国对非洲自由运动的支持开始变得显而易见。双边正式的外交和政治交往持续以友好的方式展开。中国有能力将台湾地区从非洲孤立出来，而且它在 1971 年被大多数非洲国家支持加入联合国安理会。非洲在这一方面的支持对中国来说至关重要。截至 2012 年，54 个非洲国家中有 49 个已与中国建立外交关系，支持“一个中国”的政策。布基纳法索、冈比亚、马拉维、圣多美和普林西比及斯威士兰仍与台湾地区保持着外交关系。（Pehnelt and Abel, 2007, 第 8 页）

自 20 世纪 90 年代中期快速深化的中非交往仍继续吸引着国际社会的关注，尤其是经济方面。很多人认为中非互动的主要动机是中国对原材料需求以支持日益增长的经济，与非洲希望增加投资以资助发展的利益汇合。

后冷战时期，中国始终倡导建立一个限制美国霸权地位的多极世界。有鉴于此，中国寻求与其他发展中国家的联盟以及南南合作关系，并向联合国人权委员会、世界卫生组织等一些国际组织寻求支持。中国在非洲的努力可被视为该策略的一部分。从这个角度来看，拒绝给台湾地区作为独立主权国家的地位是中国与非洲国家建立外交关系的唯一政治条件，证据表明，该策略是成功的，并且成为发展双方战略关系的一个因素。

非中政治关系不断加深的另一主要支柱是中国采取灵活务实的外交政策。中国的互不干涉、非意识形态化、相互尊重和互惠的政策是发展外交关系的基本原则。事实上，中国对非中外交关系未施加任何压力，也未附加任何限制条件。当然，这和西方附加限制条件的方法形成了鲜明的对比。因此，中国与非洲国家维持着成功的政治关系，并鼓励中国的国有企业到非洲投资。中国还向非洲国家提供援助和军事设备，无论其治理模式和人权记录如何。相反，这些是西方国家和国际金融机构对其外援接收国设置的两个关键条件。（M.Glosny, 2006）在文化方面，非洲和中国也在共同努力推动两国人民文化交流，包括在非洲建立一些中国文化中心。

在军事合作领域，中国对非洲的支持可追溯至冷战时期，当时中国强烈支持非洲的自由运动。1955—1977 年间，中国出售给非洲国家的军事装备共价值 1.42 亿美元。（Le Monde Diplomatique, 2005）中国自 2004 年开始参与非洲大陆的维和任务。2004 年，中国在联合国请求下派遣了大约 1500 名士兵，前往利比里亚和刚果民主共和国之间。目前，中国还向非洲联盟在苏丹达尔富尔地区和索马里的维和任务提供经济支持。目前中国在 14 个国家设有驻外武官，而 18 个非洲国家在北京也设有驻华武官。（Asia Times, 2009）中国还向一些非洲国家提供军事培训和装备。从国际角度看，中国似乎试图削弱其主要对手日本在发展中国家的影响，包括赢得支持试图阻止日本成为联合国安理会的常任理事国。它还努力证明自身是发展中国家的领导者，在联合国及其他论坛上维护非洲和其他发展中国家的利益，并强烈支持非洲代表加入联合国常任理事国。

中国和非盟

从历史上看，非洲统一组织自 20 世纪 60 年代成立时起就希望通过自身的体制机制处理大陆的安全危机。尽管取得了巨大成功，但在处理大陆和平、安全局势和经济、社会、发展问题等方面依然遇到很大困难。因此，由于其他因素，2002 年非盟取代了非洲统一组织，解决非洲冲突即是该组织的一个主要目标。中国和非洲各国基本上都是双边关系。尽管中非的交往是建设性的、友好的，但这种集体关系并未通过非洲联盟在政策框架中明确定义。中国确实将非盟视为促进非中多边合作的一个重要平台。而非盟自身也希望制定明确的愿景使其成为非中新型合作关系的支点，以便在通过多边论坛特定框架促进非洲利益时发挥作用。非盟与中国这种战略关系于 2006 年在中非合作论坛北京峰会上首次亮相，当时中国政府宣布作为礼物在埃塞俄比亚的亚的斯亚贝巴建设一个非盟总部的现代化会议和办公楼，该项目于 2012 年

大使范塔洪博士和非洲统一组织前秘书长萨利姆·艾哈迈德·萨利姆博士领导非统组织 12 年。

1 月完成并举行落成仪式。非盟自 2009 年也成为中非合作论坛的一个正式成员，之后双方签订了很多协议的备忘录并批准了一些财政支持。这解决了双方合作方面的一些问题，包括但不限于机构能力建设、基础设施、商务谈判以及对非盟在非维和任务时提供资金支持和物资支持。

经济关系

这一部分对于分析非中经济关系领域的合作中心主题、评价对非洲经济发展的启发至关重要。它也为理解中国对非的政策角色本质提供了现实依据。一般来说，西方主要政府考虑处理被认为是镇压性或腐败性的非洲政权，通常他们的追随者也遵循这一原则。但是，中国与非洲国家之间的伙伴关系不存在这种歧视。相反，中国认为这是一个能够弥补差距并深化双方政治、经济关系的机会，像苏丹和津布巴韦，这两国在一些西方国家眼里已经被列为不良政府。很多人认为中国和非洲的关系受其对石油和战略性矿产资源的供应需求推动。我们的确需要强调确保稳定的石油供应与中国经济增长之间的紧密联系是国家安全的重要因素这一事实。就这一点来看，中国已经制定了双管齐下的能源投资战略：首先，它在规模较小、不那么知名的国家如加蓬、赤道几内亚和刚果共和国进行开采和生产交易；其次，它通过提供综合援助方案争取安哥拉、苏丹和尼日利亚等最大的石油生产国 。还需要注意的一点是，非洲这些石油国家在其采矿业也获得了替代投资者，这些投资者可以将其迫切需要的快速投资带到他们的国家。（Hanson, 2006）在过去的十年中，中国已成为仅次于日本的世界第二大石油进口国，国内消费石油进口量达46.5%。（新华社，2008）还需要指出一点，美国、日本和欧盟等全球大国一直在控制世界油气的供应中（包括非洲）占主导地位。中国和印度是最近加入这场争夺战的国家，以确保获得稳定的油气供应，从而推动经济发展。因此，能源安全对西方和新兴大国的非洲政策至关重要。（Toman, 2002, pp1–3）

作为对中国石油外交动机批评的回应，中国政策决策人往往很快拒绝这种对中国与非洲的交往是“资源驱动和剥削性”的批评。（Wenping, 2007）很多专家认为，中国人对西方在非洲的石油利益所构成的威胁常常被夸大，因为中国企业所占的比例是非洲已知石油储量不足2%（就2008年来说）。（Hanson, 2008）

接下来我们会看到，中国与非洲的快速经济合作以及与非洲大陆的贸易从2001年的200亿美元增长到2011年底的1600亿美元，引起了非洲内部及其他地区尤其是西方传统贸易伙伴之间的很多关注。很多人会惊讶于中国投资、贸易和伙伴合作的速度，对非洲经济增长的贡献以及对非洲和西方国家、其他新兴经济体之间的关系产生的启发。尤其是西方，曾经批评中国在非洲的崛起，称此为“中国的资源掠夺”，以不干涉幌子支持独裁和腐败政权，并在“非洲资源和市场新争夺战”的背景下以牺牲西方的经济利益为代价将非透明做法用于“垄断非洲市场”。（Cheru and Obi, 2010a）尽管中国与非洲的交往并不新鲜，但是最近的交往在20世纪90年代的全球战略方针中受到了特别关注。这包括中国在许多合作伙伴关系和经济互动领域与非洲合作的倡议。不可否认，寻求原材料和能源（尤其是石油）与投资已经成为中国对非政策的主要目标，目的是为了推动经济和工业的整体快速增长、培育产品市场并促进对其全球战略的外交支持。之后我们会看到，中国还制定了不同的贸易和投资激励措施、援助和技术服务、低息贷款以及和非洲领导人及其他官员进行频繁的外交交流。因此，很明显中国已经把自己定位为促进非洲发展的国家，并设法填补了西方留下的空白。

自 20 世纪 90 年代中期起，作为其全球战略的一部分，中国政府开始采取主动措施，鼓励中国企业走出去，在非洲投资、经商。在这种战略背景下，中国政府制定了一系列有利政策如提供贷款补贴和税收优惠等，以鼓励中国企业开展各种形式的业务。作为首创性举措，中国于 20 世纪 90 年代后期在非洲国家设立了 11 个投资贸易中心，以为非洲和中国企业开展业务提供条件，如提供信息交流、管理、优惠政策和金融支持等业务。中国银行在非洲设立了分支机构，以在一个受到经济问题困扰的大陆招揽业务。（Hongwu, Liu, 2009, 第 37 页）

经济参与的初始阶段很快取得了实质性进展。根据吉佩定的说法，非中双边的贸易往来从 1988 年的 10.2 亿美元跃升至 1995 年的 39.2 亿美元和 1997 年的 56.7 亿美元，2000 年的贸易额达到 100 亿美元。此外，数据显示，到 1999 年，800 多家中国企业参与了 40 多个非洲国家的工程承包、贸易和投资活动。这些项目对于改善非洲的基础设施、货物运输和服务非常重要。（Peiding, Ji，2000，p99）到 20 世纪 90 年代末，随着新项目的开放，中国在非洲的直接投资已达到 4.66 亿美元。期间，一些非洲国家与中国签署了承担发展项目的协议。例如，在 1997 年，中国与苏丹政府签署了第一份油田协议，以建立从喀土穆到苏丹港的石油管道，项目价值为2.15亿美元，为中苏石油能源合作奠定了基础。（Hongwu，Liu，2009，p380）

但是，20世纪90年代末非中关系遇到了一些挑战，因为一些非洲国家的政府倾向于西方关于非洲多党民主的伙伴关系和发展战略。中国人对非洲的行为受到怀疑。这段短暂的时间也为台湾地区向一些政府启动新的援助计划提供了机会，台湾地区与大约13个非洲国家建立了外交关系。然而，随着许多国家的新一代非洲领导人坚持自主发展战略，非中关系迎来转机。中国很快意识到，在非洲进行更有意义的经济投资成为赢得非洲友谊的唯一合法化渠道。

为了营造便利的环境，时任中国国家主席江泽民和李鹏总理访问了非洲各国，包括非统组织埃塞俄比亚总部。外交互动有助于勾画中国的非洲伙伴关系新政策，中国提出了发展中非关系的五点建议：安全与友谊、平等待遇、互惠、加强咨询、展望未来。2000年中非合作论坛（FOCAC）的新政策框架建立之后，这些关系的特点以及由此产生的影响可以通过下面的数据清晰反映出来。这个新框架为双方在双边和多边之间的有意义的伙伴关系确立了新的方向。2008年，中非贸易额达到1000亿美元，中国对非洲的外商直接投资达54亿美元。中国通过获得原材料，扩大制成品出口市场，建立投资关系，随着时间的推移和政治影响的加深，中国从中获得巨大利益。

中非合作论坛

2000年10月10日至12日，由中国发起，中非负责对外贸易和国际合作、经济或社会事务的部长参加的中非合作部长级会议在北京召开。这是非中关系史上第一次举办的此类会议。会议吸引了来自44个非洲国家的80位部长。论坛为中非关系开创了新的起点。会议结束时，部长们在宣言中同意加强非中关系。《北京宣言》详细介绍了双方同意进一步巩固和扩大在南南合作，平等互利基础上各个层面和各个领域的中非合作。（中非合作论坛《北京宣言》，2000年10月12日）论坛同意每三年在非洲和中国轮流举行一次会议，以评估中非关系的进展。中非合作论坛第二届部长级会议于2003年在埃塞俄比亚的亚的斯亚贝巴举行。鉴于非中关系的快速发展，第三届中非合作论坛会议于2006年在北京举行，并被提升至峰会规格。来自43个非洲国家的国家元首和政府首脑参加了此次活动。2009年，中非合作论坛第四届部长级会议在埃及的沙姆沙伊赫举行。第五届中非合作论坛部长级会议于2012年在北京举行。

中非合作论坛确实创造了一个新的机制和平台以提升中非关系，并引起了众多关注。这是一个旨在加强中非关系和政治商界精英交流的平台。中非合作论坛为加强外交和政治关系奠定了基础，随着访问次数的增加和对话的进行，经济领域也有同样的机会，特别是作为发展动力的贸易。对于非洲的重点发展领域和所面临的挑战，中国的援助将非常有用。中非合作论坛主要讨论非洲面临的主要发展问题（粮食安全和农业生产、基础设施、气候变化、非洲一体化、投资和出口多样化以及援助实效和债务减免的协调）。中国通过论坛强调支持非洲发展的决心。

从一般的角度来看，中非合作论坛反映了北京的整体外交政策战略，这个战略目标就是改革全球秩序和反对霸权主义。（Blum，2003 年，第 226—231 页）双方认为，论坛有助于提高发展中国家在南北对话中的地位，促进建立公正、合理的国际政治经济新秩序。2006 年底的中非合作论坛北京峰会在推动非中关系方面取得了决定性的成果。它进一步强化了中国对非洲的政策，强调非中关系的指导原则是围绕“双赢平等合作，互相尊重，互惠互利”。从这一政策的角度出发，中国发布了“非洲政策文件”，提出在和平共处五项原则基础上与非洲建立战略伙伴关系，并在各个领域进行合作，其中包括尊重非洲国家自主选择发展道路，互惠互利，基于平等的互动，全球事务磋商与合作。（《中非合作论坛报告》2006，北京）

论坛批准了一项为期三年的行动计划，以形成一种新型的战略伙伴关系，其中包括承诺 2009 年前，中国将对非援助增加一倍，达到约 10 亿美元；设立了 50 亿美元的中非发展基金，以鼓励中国公司在非洲投资；向非洲国家提供 30 亿美元的优惠贷款和 20 亿美元的优惠买方信贷；取消 2005 年底对华到期的政府无息贷款债务，包括 31 个负债最高的非洲最不发达国家（LDC），这项债务截至 2005 年底为 14 亿美元；进一步开放中国市场，使非洲最不发达的国家的零关税出口产品从 190 个增加到 440 个；培训 15000 名非洲专业人员，每年向非洲人提供的中国政府奖学金数量翻番至 4000 人；派出 100 名高级农业专家和 300 名青年志愿者到非洲；建立 30 家医院，30 家疟疾治疗中心和 100 家农村

学校。（Taylor，Ian，2009年，第18页，《中非合作论坛宣言》，2006年，北京）

此外，在北京峰会上，时任中国国家主席胡锦涛宣布建设一个现代化的办公和会议设施，作为礼物送给在埃塞俄比亚首都亚斯亚贝巴的非盟总部。这座现代建筑群建造价值约2亿美元，于2012年1月落成。

非中贸易关系

中国对非洲的出口主要由机械、运输设备、纺织品、服装、鞋类和其他制成品组成，原油和原材料则在非洲对中国的出口中占主导地位。到2005年，非洲对中国进口的近70%是石油，还有农产品。中非贸易记录显示，非洲与中国的贸易额主要由相对富裕的国家主导。但是，应该指出的是，几乎所有的非洲国家里，包括少数与台湾地区有外交关系的国家里都可以看到中国产品。

中国的对外贸易在全球范围内迅速增长，特别是过去二十年中，对非洲的影响非常巨大。1990年中国的贸易总额约为1000亿美元，2000年为5000亿美元，2004年为8500亿美元，2005年为14000亿美元，2007年为22000亿美元。（维基百科，关于非中经济关系）

在这种背景下，非中贸易交流在双方关系中处于重要阶段。在2000年至2010年期间，中国与非洲的贸易增长率高达35%。据中国商务部消息称，中国与非洲之间的贸易额2000年开始为100亿美元，2005年跃升至294.6亿美元，2006年为555亿美元，2007 年为 735 亿美元，2008 年为 1060 亿美元，2010 年为 1068 亿美元。到 2011 年底，这一数字达到 1600 亿美元（数据来自 2012 年 7 月 20 日中非合作论坛第五届部长级会议的《北京宣言》），中国成为非洲主要的贸易伙伴。记录显示，随着中国的参与，非洲对欧洲国家的出口份额自 2000 年初开始下降。据报道非洲与中国的贸易相对平衡，2008 年非洲国家进口中国商品约 500 亿美元。（《现代非洲研究》期刊，第 49 卷，第 1 期，2011 年 3 月）到 2010 年，非洲对中国的出口份额占非洲出口总额的 20%。这些出口大部分是原油（占总量的 70%）或原材料（15%）。安哥拉和苏丹仍然是原油的主要供应国。从整体价值来看，中国从非洲进口的 70%来自四个国家：安哥拉（34%），南非（20%），苏丹（11%）和刚果共和国（8%）。（数据来源：非洲开发银行，2010 年 10 月 27 日至 29 日）赤道几内亚和利比亚也占中国石油贸易的相当一部分。

据美国能源信息局（EIA）称，中国的工业部门是除日本以外亚洲最大的能源消费者。中国 2001 年占世界能源消费量的 9.8%，2005 年占 14.2%。2006 年，中国每天生产原油 380 万桶，却消费 740 万桶，比 2005 年增加 50 万桶。缺口必须由进口来满足。从这个角度来看，非洲提供了中国近 32%的石油进口量，仅次于中东（46%）。（见 www.africapractice.com）同一来源还表明，虽然西方列强通过一系列区域投资和安全防御成功围绕拉丁美洲、中东、中亚和东欧开采石油，但非洲仍然在战略上开放，中国可能会找到机会填补这一空白，从而变得更加依赖非洲石油。今天的事实依然如此，中国的贸易和投资中很大一部分与非洲的采掘业和相关基础设施有关。据2010年的消息来源称，尽管中国和非洲贸易增长迅速，达1270亿美元，但仅占中国在全球贸易额的约4%。另一方面，对非洲国家而言，与中国的贸易意义重大，中非贸易占非洲全球贸易额的13%以上。由于贸易额在2011年底前已经猛增到1600亿美元，占比也在增加。同年，中国表示，对来自非洲非石油生产最不发达国家的4700种农业品免征关税。

这对于许多非洲国家来说，意味着这些国家为其多元化的初级产品获找到了新的市场，可以从自然资源的高价中受益，获得财政收入和投资资本。非洲正在努力从产品出口中创收，为扶贫提供资金，促进国内消费，支持工业化，使其成为经济发展的基础，并加强与全球经济的融合。

正如我们已经注意到的那样，中国在非洲的商业活动扩大，导致非洲的公共政策从狭隘的贸易和投资关系，转向广泛的发展问题。中国已承诺在2007年将其零关税待遇扩大到非洲最不发达国家产品的95%，并向中小企业提供10亿美元的贷款。在2009年的中非合作论坛上，中国承诺向非洲提供100亿美元的优惠贷款，并强调支持非洲努力实现千年发展目标，克服发展中面临的挑战。2012年中非合作论坛北京会议结束时宣布的优惠贷款额度已增至200亿美元。中国每年还向非洲提供约15亿至20亿美元的援助。

中国在非洲发展中的重要作用继续增长。然而，不可忽视的是，美国和欧盟仍然是许多非洲经济体的最大贸易和投资伙伴之一。例如，根据2007年数据，欧盟占非洲出口的30%以上，经济合作与发展援助委员会（DAC）的捐助者通过官方组织向非洲提供了 360 亿美元的资金，并通过多边捐助者，提供了 180 亿美元的额外资金。相比之下，中国在 2007 年占非洲出口的 10%左右，2010 年占 13%，而中国对非洲的援助同年约为 15—20 亿美元。然而，同样重要的是，需进一步注意，把 30 多个西方国家和单个中国在非洲经济中所占份额进行比较可能不合理。重要的不是贸易量或投资额，而是中国在非洲经济多元化发展的惊人速度。

发展援助

发展援助是非中关系的另一核心领域。（Brautigam，D.，1998）整个非洲的巨额债务和低水平的外国直接投资意味着中国的投资和援助在许多国家受到普遍欢迎，其中最大的援助之一是 2005 年中国向安哥拉提供了 20 亿美元的援助。（Taylor，Ian，2009，p20）

中国将发展援助和减免债务作为与非洲伙伴关系的重要方面。中非合作论坛在北京举行后，中国政府 2006 年向非洲国家提供了超过 55 亿美元的援助。中国还在峰会上承诺到 2009 年将援助增加一倍，到 2012 年为非洲提供优惠买方信贷 20 亿美元。（胡锦涛，中非合作论坛主席致辞，2006 年 11 月）根据世界银行的研究报告（Broadman，Harry，WB，2007），2005 年，中国进出口银行将出口买方信贷市场扩大到非洲，到该年底，中国已承诺向 8 个非洲国家的 55 个项目提供 8 亿美元的优惠贷款。事实上，中国对非洲的援助长期以来一直集中在两个领域：基础设施和人力资源。中国的发展援助为具有高知名度的基础设施项目提供资金，这些基础设施具有社会价值，并推动经济发展。与中国的做法不同，西方捐助者大多忽视了对这种项目的融资。另一方面，中国的人力资源援助集中于培训和提供卫生人员。从2006年开始，每年有4000名非洲学生获得奖学金去中国大学学习。此外，同年中国接受了15000名非洲专业人员的培训，15000名中国医务工作者被派往非洲，在非洲治愈患者1.7亿人次。（新华社，2006年）在2006年的中非合作论坛上，时任中国国家主席胡锦涛还承诺在非洲建立30家医院，并提供3亿元的资金用于抗击疟疾。与其他捐助者不同，中国通常不提供财政援助作为预算支持。相反，它提供与项目相关的赠款和贷款，以确保资金直接投向可能影响一个国家发展的项目。

一般来说，中国官方发展援助特别受欢迎，因为它没有西方设定的附加条件。因此，它为非洲国家提供了一个方案，以替代经合组织方案中的华盛顿共识条款。这样的替代方案导致了一个观点——后华盛顿共识中的北京共识时期，其特点是更多的南南内容和南南通识。（Campbell，2008）从中国方面看，非中关系主要是国家间（双边的）的正式关系。

投　资

自20世纪80年代以来，中国采取了“走出去”的战略，鼓励中国企业到国外投资，以保证获得先进技术，外汇，能源和原材料，并出口上游产品。该战略还旨在鼓励中国企业在国际市场上“初试牛刀”，并提升中国的全球实力地位。非洲需要新的更好的道路设施、学校建筑、计算机网络、电信系统和发电设施，这为中国企业提供了一个利润丰厚的项目。中国在国外的投资单位往往是由中央、省或市级政府拥有的国有企业。

中国国有企业和私营企业在非洲大陆获得了好评，并很快与非洲国家政府，国有企业和私营企业达成了多项合资协议。超过 700 家在非洲注册的中国公司获得开发油气田的许可，以此减轻中国企业对能源供应的担忧。中国国有企业也被鼓励采购自己的原材料，为投资创造了战略动力。通过中国国家开发银行、中国建设银行和中国进出口银行，能源、建筑、工程和制造行业的旗舰企业通常会获得政府的优惠贷款和信贷支持。与西方公司相比，非洲政府认为中国的投标价格合理且方法可行。

中国进出口银行成立于 1994 年，提供的出口信贷融资，国际贷款，海外建设、投资的国际贷款以及官方授信额度，以支持中国企业在海外的经营。2005 年，中国进出口银行为中国企业的非洲项目融资 15 亿美元，超过美国、法国、日本或英国等竞争对手 30 倍。（Gaye，Adama，2008 年 1 月，第 8 页）中国进出口银行广泛支持中国企业在非洲大陆扩大对经济中关键领域的投资。到 2005 年，进出口银行的投资组合增加了两倍，其商业运营超过了美国、英国和日本的投资组合。（Moss，Todd 和 Rose，Sarah，2007 年 3 月 29 日）正如上文所强调的，中国在非洲最大的业务是石油和天然气勘探、开发和生产，并且在建筑工程、电信、纺织制造和贸易方面的投资增加迅猛。三家著名的中国公司在非洲的石油和天然气勘探和开发领域开展业务：中国石油天然气集团公司（CNPC）、中国海洋石油总公司（CNOOC）和中国石油化工集团公司（Sinopecc）。例如，到2006年，安哥拉已经超过沙特阿拉伯成为中国最大的原油供应国。苏丹和赤道几内亚、尼日利亚也是中国石油的主要供应国。其他中国公司也积极在非石油资源领域开展业务。一些评论家，特别是西方的评论家可能会认为，中国在非洲的动机只是为了掠夺非洲的自然财富。2007年的统计数据显示，非洲2006年石油出口中有36%去了欧洲，33%去了美国，中国仅占8.7%。在这种情况下，西方关于中国在非洲的资源掠夺动机的说法是没有说服力的，因为与西方国家相比，中国在非洲的石油贸易中份额非常小。然而，事实确实如此，由于非中贸易关系今天以惊人的速度增加，其中原油占70%，原材料占15%，而中国贸易和投资中的较大份额是与采掘业和基础设施建设相关。

中国还于2007年与33个非洲国家缔结双边投资条约，与四个非洲国家签署双重征税协定，以保护和促进对非洲的直接投资。投资战略的基础是中国制造商与非洲大企业联手，共同在非洲实施项目。中国无条件或无政治条件地提供大规模无息贷款，这与附加政治和经济条件的西方国家形成鲜明对比。例如，2003—2008年期间，中国投资的主要受益者是石油和其他矿产丰富的国家，如南非（64%）、尼日利亚（9%）、赞比亚（5%）、阿尔及利亚（5%）、苏丹（4%）。从那时起，中国的投资已经扩大到大多数非洲国家。从2006年的中国投资分布来看，主要外商直接投资流入涉及采矿业（40.74%）、商业服务业（21.58%）、金融业（16.4%）、运输和电信业（6.57%）与制成品（4.33%）。农业、林业和渔业吸引力较小。（Kiggundu，2008）但是，作为帮助非洲国家努力实现农业现代化的措施，中国已经越来越注重投资农村发展。例如，中国在非洲的对外直接投资过去十年中有所增加，同时非中贸易也有所增加，尽管2007年中国对非洲的直接外资流入量仍然保持在边际水平（1991年为0.2%，2007年为5.9%），但是，根据中国商务部的统计，中国在非洲的外商直接投资自2007年以来每年以46%的速度增长，大部分外国直接投资流量被资源密集型国家吸收，如安哥拉、苏丹、尼日利亚、赞比亚和南非等非洲国家。（商务部，中国，2008年）

中国在对非政策中一再申明，它不会向非洲输出贫穷、霸权或发展模式。据新华社报道，截至2011年底，中国对非洲的直接投资已达400亿美元。(《国际政策文摘》，2011年12月6日）据了解，目前在非洲的中国人数已接近100万，2000多家中国公司在非洲从事经贸活动。

基础设施建设

基础设施是国家整体发展的关键因素。但是，由于缺乏投资，长久以来非洲大陆的基础设施发展受到极大的限制。中国在这方面的援助受到热情欢迎。中国制定了一项政策，主要目标之一是为非洲的基础设施项目提供资金，其中包括修建公路和铁路、水电站、体育场、医院和学校。根据世界银行的报告，到2005年，中国公司已经在非洲承包了722个“交钥匙”工程，一年后，中国的基础设施开发优惠贷款和非优惠贷款为125亿美元，其中不包括石油和矿业项目。（世行关于中国在非洲的基础设施投资报告，2005年）根据这份报告的数据，安哥拉、尼日利亚、莫桑比克、津巴布韦和苏丹的贷款占比 80% 以上。电力行业投资约占承诺总额的 40%。除了印度洋沿岸渔业丰富的莫桑比克外，其余的都以其石油和矿物而闻名。数据显示，例如，2004 年经合组织为非洲基础设施发展提供的优惠贷款仅为 40 亿美元，这表明对非洲基础设施发展，中国比经济合作与发展组织提供了更大的支持。到 2008 年，超过 35 个非洲国家与中国进行基础设施融资合作，最大的受援国是尼日利亚（34%）、安哥拉（20%）、埃塞俄比亚（10%）和苏丹（8%）。（世界银行，2009 年）中国人在 2002 年恢复安哥拉战乱破坏的基础设施，以及安哥拉、赞比亚和刚果民主共和国三国花费超过 5 亿美元的道路和铁路连接方面发挥了建设性作用。

根据加纳通讯社报道，中国最大的水电工程公司之一的中国水电承包建设一个由中国政府贷款资助，投资 6 亿美元的水电项目，以解决该国的电力紧缺问题。在时任中国国家主席胡锦涛 2006 年访问尼日利亚之后，双方政府签署了一项 25 亿美元的贷款协议，为建设铁路线提供部分资金。中国是非洲基础设施发展的重要投资者。例如，中国 2008 年这方面的投资 110 亿美元，而八国集团国家则为 137 亿美元。迄今为止，中国的投资一般由与个别国家的双边合作来完成。可以预见，将来中国投资区域基础设施项目的潜力巨大。（见非洲开发银行关于中非关系的研究报告，2011）

中国对非洲基础设施的投资部分由非洲以出口商品和原材料的方式返还。这对非洲国家非常有帮助，因为中国对全球原材料的需求增加了非洲各个市场的出口收入。非洲国家必须使出口多样化，以减少对价格剧烈波动的初级商品的依赖，降低对宏观经济稳定产生的不利影响。在这方面，中国将零关税待遇扩大到非洲最不发达国家95%的产品，并以此项收入投资于非洲国家的经济特区。根据世界银行的报告，非洲被视为中国在制造业进一步投资的目的地，这对双方都是有利的。(世界银行经济报告，2010)

电信发展

由于投资少，非洲长期以来因电信发展不足而遭受损失。现在有限的产品主要由英国沃达丰、法国电信和南非的Vodacom和MTN等西方和南非公司主导。近期，中兴通信设备有限公司（中兴通讯）、中国移动和华为等跨国公司由于价格实惠而取得了重大进展。特别是在过去十年中，非洲在电信发展方面取得了巨大进展，成为世界上电信网络增长最快的地区。

经济特区

为了帮助非洲国家实现经济多样化，中国已经与一些非洲国家进行战略合作，以建设经济特区，其中包括毛里求斯、赞比亚、埃及、埃塞俄比亚、阿尔及利亚、尼日利亚等，还有更多的国家预计不久将加入。非洲各国政府非常重视复制中国在规划、发展和实施经济特区（SEZs）方面的成功经验，以吸引外国投资，并提高制造业的竞争力。因此，中国在非洲对经济特区的投资一直受到许多国家的欢迎，被视为从中国资本中受益的重要手段，并希望以此获得经济特区开发和管理方面的经验和智慧。此外，各国政府希望经济特区在技能和技术方面产生溢出效应，这将有利于非洲国内企业提高在区域和全球市场的竞争力。

根据“走出去”战略，中国普遍支持在海外建立经济特区，目的是改善中国产品和服务的市场环境，并利用贸易和优惠市场准入机制，通过借鉴成熟的生产方式协助国内产业结构调整，将劳动密集型制造业向其他国家转移。另外，通过支持中国企业集群并创建供应链，为外国投资创造规模经济，并以此响应非洲国家学习中国经验，互惠互利的利益诉求。但是，一项研究经常表明，由于非洲国家的官僚体系，基础设施不足，财政资金缺口，技术人员短缺等问题，中国在非洲设立的经济特区面临一些挑战。

经济特区旨在吸引大量投资进入基础设施，尤其是运输和电力，以及出口导向行业，这可以为当地制造业提供一些动力。（非洲开发银行，对外关系和通讯股，2011 年，www.afdb.org ）这是中国从直接财政援助转向发展经验输出的新政策。经济特区被设计为出口加工和进口替代中心，以此作为推动非洲经济从农业向工业转移的战略。经济特区还可以协助非洲各国制定可持续发展和减少贫困的政策。

软实力纽带

中非文化、教育和媒体联系可追溯到 20 世纪 50 年代，今天仍然是中非关系的重要组成部分。中国文化外交的最新形式自 20 世纪 90 年代末开始，旨在通过国际舆论，树立中国在全球舞台上的良好形象。中国文化外交的另一个原因是宣传“和平崛起”和“和谐世界”的坚定理想。（北京评论，2005）特别是自2005年以来，中国对非洲的外交非常活跃，在推动文化交流的同时，推出更多贸易措施和利息更低，且没有政治干预的贷款项目。（Chan，2007）

例如，截至2009年底，已有近3万名非洲留学生获得中国奖学金。到2011年底，每年将提供4000个新奖学金名额。中国还为3万多名不同领域的非洲人士提供了技术培训，并向46个非洲国家派遣了1.8万名医务人员，治疗了多达2亿的患者。（www.internationalpolicydigest.com）中国发现非洲是全球推广中国价值观，以接受其语言、文化、政治价值观和外交理念最重要的试验场所。主要有两种形式：将非洲人带到中国学习，或派中国人到非洲去分享中国在国家发展中的经验。中国通常会邀请不同类别的非洲人，政府和非政府人士访问中国，亲身体验中国的发展经验。截至2007年底，已有11个非洲孔子学院在埃及、津巴布韦、肯尼亚、尼日利亚、南非、卢旺达和马达加斯加等国家和地区建立。（《人民日报》，中国海外版，2007年4月7日）不过，需要指出的是，虽然中国确实对许多非洲人来说有吸引力，并成为海外留学的目的地，但由于非洲和中国之间的遥远距离和语言障碍，西方国家仍然是首选地。西方与非洲的历史联系，在非洲的影响力，和令人羡慕的生活方式吸引大多数非洲精英前往西方国家。

中国在非洲软实力的增长超越了文化和语言。中国模式对非洲的吸引力有一个非常现实而深刻的原因：中国在经济改革和国家建设方面的历史成就和从落后到一跃成为当今世界领先的经济体的奇迹。根据自己的现实情况，以前所未有的速度实现国家富裕，中国的发展模式作为一种潜在的选择路径对非洲的吸引力是显而易见的。（Ndubisi，Obiorah，2006 年 12 月）

中国的发展模式重视多边主义、共识决策、和平共处、尊重多元文化的政治和国际关系理念。（Shan，Liu and Jundu，Xue，ed，1998）中国的对外政策一贯强调战略伙伴关系、互利互惠、尊重非洲国家的主权。由于发展仍然是中非关系中的首要任务，中国政府强调的主题是合作与共同发展，而不是家长制式的发展援助。（King 2006）中国传统文化外交有助于开放不同的合作渠道，以加强中国与非洲大陆的政治经济联系。所有这些都包含了一个身份认可，它是根据中国的国际特征塑造出来的，并向世界展现。事实上，中国这种新兴的身份是许多西方国家关注的问题。非洲大陆和非洲以外的许多国家都怀疑中国对非洲的做法是否与西方不同，我觉得这是需要反思的。

评估非中关系

西方过去对非洲自然资源和人力资源的剥削一直被认为是非洲今天贫穷落后的主要原因之一。许多人谨慎地怀疑中国是否会像西方一样，获得非洲大陆的资源和市场以维持自己的经济增长，走一条新殖民主义的道路。但似乎并非如此。事实上，中国人过去在列强的压迫下，有过屈辱悲惨的历史，他们理解被殖民的痛苦。中国一贯支持非洲与殖民主义者的斗争。非洲在与西方的交往中观察到许多经验，西方政府拒绝惩罚暴力或腐败的非洲政权，通常西方公司也遵循同样的路线。中国奉行双赢战略伙伴关系，不设定任何先决条件。中国在非洲的能源投资，招致外界怀疑，这是一种夸大。因为双方能源贸易相比欧洲和美国（分别为36%和33%）还不到13%。（Wenping，He 2007，p7）此外，大多数中国公司在苏丹、安哥拉、赤道几内亚、乍得以及加蓬和尼日利亚等欧洲和美国公司不感兴趣的地区开发油田。中国还一直在平衡能源贸易与经济援助，投资基础设施、卫生、粮食安全、电力和卫生健康等被高度忽视的重要领域。

自2001年恐怖主义袭击以来，西方富国已经显著加强了与非洲的战略接触。美国和欧盟国家对重振与非洲的传统关系，表示出强烈兴趣，其侧重点是安全、石油、投资和贸易。当时中国与非洲正在进行接触，引发了西方与东方在非洲的激烈竞争。因此，非洲已经处在全球政治舞台的中心，其中石油和安全已经成为地缘经济竞争的轴心，并驱动地缘政治关系发生变化。

在冷战结束之后，非洲与欧洲列强的关系长期以来被忽视。但是，21世纪初，双方开始努力，提升相互关系。这种新动向受到两个主要因素的驱动：欧盟成为有影响力的国际行为体雄心勃勃，他们寻求与非洲建立更务实的合作关系，而中国也正谋划挺进非洲。非洲大陆历来被认为是欧洲的后院，这对欧盟是一个刺激。因此，自21世纪以来，非洲已成为传统援助者（欧美）和新兴行动者（其中最著名的是中国）的一个优先选择地区。

2000年4月在开罗举行的第一次欧非首脑会议谨慎地开始了建立新型关系的进程，2007年12月在里斯本举行的第二次首脑会议批准2007年非欧战略（JAES），非洲和欧盟的关系达到高潮。非欧战略希望基于产权和外援，贸易和政治事务的整合，以建立两大洲之间的长期合作关系。欧盟和中国显然具有相同的发展目标，但他们对非洲的战略却大不相同。一方面，被视为推动南北合作的欧盟战略支持经济、社会和政治发展的综合模式，特别强调人权和民主治理。另一方面，被视为推动南南合作的中国提出了一个基于互利、平等和不干涉内部事务的框架。由于中国在非洲影响力越来越大所带来的挑战，欧盟选择了以务实和建设性的态度参加非洲事务。

但是，由于中国自2000年以来通过中非合作论坛向非洲提供的发展动力，欧盟对非洲政策的调整将不会影响中国日益增长的影响力。中国对非投资和贸易的增加，更多的贷款，债务减免和技术援助得到了非洲领导人的积极响应。乌干达总统穆塞韦尼的表态充分说明了这样的情况："西方统治集团是自负的，充斥自我主义，对我们的国情很无知，他们是和其他人抢生意。中国人和你打交道做生意，互不干涉。"（《非洲行政》，2008年10月8日）同样，博茨瓦纳的莫加总统也表示："我发现中国人对待我们是平等的。西方把我们视为以前的臣民（被解读为奴隶）。这是真实情况。相比于西方的态度我更喜欢中国人对我们的态度。"（同上）非洲与欧盟的关系复杂而脆弱。中国加大了与非洲的发展合作，并宣布了具体措施，主要包括：债务减免计划，对非洲最不发达国家的优惠待遇，环境保护与气候变化，科学技术和卫生健康。与西方不同，中国所做的这些合作和援助都没有任何先决条件。

就许多具体的要素而言，中国比西方也更有优势，这一点值得进一步阐述。中国在非洲的利益当然主要由促进其国家利益的外交政策取向所驱动。这是所有国家的普遍现象。根据这一总体原则和中国的情况，应该非常清楚中国对非洲的兴趣主要是受经济利益驱动，其目的是获取原材料，获得能源，为其产品寻找市场。通过自我定义为“世界上最大的发展中国家”，中国不仅未表现出后殖民主义的身份，更贴近发展中国家的需求，而且还积极寻求非洲人对一种选择性的发展模式的支持。其次，根据外交政策的逻辑，中国奉行不干涉内政的政策。这意味不附加任何条件，虽然它已经引起了广泛的批评，声称中国支持非洲非民主政权。然而，那些对中国的批评者也应该认识到，西方的民主政体总是只与非洲的民主国家建立关系，这不是事实。非洲在西方的外交政策议程中从来没有被视为民主国家，西方与非洲大陆上许多以独裁闻名的政权有很长时间的合作关系。因此，理由可能同样适用于所有国家，因为所有国家的治理原则都是国家利益。中国在这方面也不例外。因此，中国的不干涉政策受到多年来一直受制于人的非洲大陆的欢迎。

说到中国和非洲，欧盟和美国都想要与他们分蛋糕。与过去西方对非洲的殖民相呼应，欧洲领导人和援助组织表达了担忧：非洲国家向中国投资者敞开大门，被亚洲伙伴剥削。但是，如果非洲与西方几个世纪的关系只带来了痛苦和落后，那么为什么有些人不相信非洲也有权决定对自己有利的事情呢？

然而，二十年来非中关系在政治、经贸等各个领域的迅速发展，不断引起西方智库、政府、学术界和国际媒体的关注，称中国的角色为“新殖民者”。特别是中国积极的经济参与在非洲和西方的传统贸易伙伴中引起了很多关注。中国对许多非洲国家经济关键部门的扩大投资激起了经济增长，创造了就业机会，增加外汇收入，并帮助改善了许多非洲国家的生计。

另一方面，与非洲和西方历史上的统治和征服关系不同，过去二十年来，非洲和中国之间的战略伙伴关系真正产生了友谊。根据非洲开发银行 2011 年的报告，中国近年来一直是非洲最突出的新兴战略合作伙伴。例如，资料显示，在过去十年中，中国对非洲外国直接投资额平均每年增长 46%。（亚行，2011 年 1 月 27 日媒体简报）该份报告显示，从全球外商直接投资额份额来看，中国在非洲的对外直接投资额仍处于增长的初期阶段。例如，2004 年，拉丁美洲、亚洲和欧洲占中国对外直接投资流量的 94%，2003 年，中国在亚洲以外的所有对外投资中，有 77%流向了拉丁美洲。（Ellis，2005）但是，值得注意的是，由于非洲接受的全球外商直接投资额数量相对较小，中国的投资比数据的比例更显重要。问题的关键甚至超越了非洲对外国投资份额的单纯数据比较。对非洲而言，中国是投资、市场和政治盟友的替代来源，也是发展的灵感来源。

关于对非洲新债务的担忧，中国做出了减少或减免众多非洲国家债务的重大承诺。此外，北京释放了与非洲地区的贸易出口，降低了许多出口到中国的产品的关税。由于这些措施，非洲 2005 年对中国的出口总额翻了一番，同年非洲对中国的贸易顺差达到 24 亿美元。

一般来说，中国在非洲受到“新殖民主义”的指控很大程度上是西方对中国在非洲日益增长的影响力的焦虑。中国为非洲发展提供了充足的机会，使其成为金融和技术的重要提供者，这显然证明中国是非洲的战略伙伴，而非一些人所称的“新殖民主义”力量。从非洲过去的经验来看，包括西方合作伙伴在内的国际社会更多地集中于救济和应急活动，旨在减缓低水平经济生产力带来的明显症状。这些都是短期计划，而不是集中于对一个国家的发展可能产生长期影响的重大发展计划。相比之下，中国在公路、铁路、水电站、体育场馆、医院、学校、改善港口设施和电信服务等非洲基础设施项目领域提供的资金承诺是促进长期发展的根本因素。例如，超过35个非洲国家从中国的基础设施融资中受益。这项投资从2001年的每年10亿美元上升到2006年的75亿美元。（亚行媒体简报，2011年1月27日）由于基础设施得到改善，非洲产品已进入国际和区域市场。这为非洲的经济增长提供了机会。另一方面，非洲从中国进口机械、运输设备、制成品等，价格合理，技术适用，符合非洲有限的财力水平。此外，在一些非洲国家，中国设立并经营的特区也为提高这些国家的制造能力提供了基础。大多数非洲国家的经济长期以来非常脆弱，中国建立的经济特区成为促进当地经济多样化，创造就业机会和转让新技术、新技能的重要基地。

中国在能源资源丰富的非洲国家大量投资，为开掘急需的资源、为实施广泛的发展计划提供了机会，也改善了当地民众的生活。在非洲运营的中国公司受到中国政府的补贴，据说可以保持低利润率水平，有时低至3%，而在非洲运营的大多数西方公司将利润率设定在15%及以上。（Leggett，Karby，2005）中国人在苏丹、民主刚果、塞拉利昂和布隆迪等受冲突影响的国家的高风险领域进行投资，表现出了严肃的承诺和道义的慷慨，西方通常对此犹豫不决，或者毫无兴趣。高风险国家获得外国投资是一个难得的机会，特别是在战争废墟中看到新学校、公路、铁路和体育场建成使用。许多非洲人认为中国人在这方面的努力是真正的友谊。

有必要明确指出，中国对西方竞争者产生了影响，因为中国企业在援助和投资方面没有任何条件要求，中国对本国公司拓展海外市场提供支持，这种拓展是作为一个新兴的全球大国的自我认知，对中国的安全利益至关重要。与西方的做法不同，中国人对与非洲的关系有着长期的计划，并且常常减少利润来促进国家利益，并以此为未来培育潜在的巨大消费市场。事实上，非洲政府感到满意的是，他们困窘的经济得到中国对资源进口高需求的支持，以及中国对这些国家基础设施和其他关键部门大量的投资支持，西方援助者通常忽视这些情况。

在投资方面，我们已经讨论过，中国在非洲众多经济领域进行了投资，不仅满足了当地人的消费需求，而且增加了本地就业机会和税收，建立了互利优势。在援助非洲方面，中国充分承诺支持非洲国家发展经济，在农业生产、基础设施建设、人员培训以及减免债务等关键领域开展了大量卓有成效的工作。在这种背景下，中国继续采取新的政策措施，帮助非洲经济发展，成为与非洲建立真正伙伴关系的证据，这些真正推动非洲国家的经济发展和减贫进程。同样值得重视的是，非洲和中国的经济如何日益相互补充。例如，根据2011年的数据，中国从非洲进口的石油约占非洲石油出口总量的13%，而美国和欧盟各占非洲石油出口总量的三分之一左右。另一方面，中国从非洲进口大约90%的钴、35%的锰、30%的钽和5%的硬木。（Shinn大使，David H. 2011年12月6日）同样的消息来源显示，中国与非洲的贸易额约占其全球贸易额的4%，而非洲与中国的贸易额占其全球贸易额的13%以上。数据显示，约有15个出口石油和矿产品的非洲国家与中国有较大的贸易顺差，另有30多非洲国家与中国有显著的贸易逆差。

中国也成为非洲农产品一个有吸引力的出口目的地，非洲农产品在西方传统市场上经常遭遇贸易壁垒和限制。中国已承诺支持非洲最不发达国家，允许这些国家的4700种物品免税进入中国。据新华社报道，截至2011年底，中国在非洲的投资达到400亿美元，并且以比任何一个西方国家都快的速度增长。这一数额可能仅占中国对外直接投资的4%，但对刺激非洲经济增长、创造就业机会和财政非常重要。

随着中国扩大在非洲的维和行动，出售军事装备和向一些非洲国家提供培训，中国与非洲在和平安全及军事领域的关系不容小觑。虽然西方一些国家认为中国加深非洲关系，破坏了国际减贫、促进稳定和推动善政战略，但大多数非洲国家都拒绝这样的观点，认为这种关切有着高度的政治动机。

从非洲的地缘经济战略角度来看，中国政府一贯遵循以发展为导向，目标高度集中，似乎将非洲视为经济战略空间和合作伙伴，而西方各国政府部门主要视非洲为人道灾难地、资源开采和安全威胁来源地，而不是发展伙伴。因此，在当前全球政治平衡中，中国已经在许多非洲国家的合作选择中成为更好的替代者。非洲被视为中国外汇储备的有利投资地。西方企业对非洲投资的需求疲弱可以被中国的投资增加所抵消。中国愿意承担风险，高风险带来高回报，因此，中国在最困难时候参与进来。中国支持非洲独立，包括反种族隔离斗争和建设坦赞铁路（坦桑尼亚—赞比亚），这些都是中国对非洲的善意的有力证明。（Clapham，1996）

在本章，我已经就中国对非政策的整体性质和目标做了全面评估。就中国为非洲经济发展提供机会而言，有充分的事实证据证明其行为的合理性。非洲自世纪之交以来平均超过5.5%的经济增长率部分归因于中国的贡献。正如许多发展问题专家和国际金融机构所声称的那样，非洲正在成为亚洲之后经济增长最快的地区。中国对非洲经济发展的贡献从总体角度看是一个积极因素，并生动地阐释了中国在以伙伴关系理论为基础的中非关系中的角色定位。作为后续工作，在接下来的一章中，我们仍以埃塞俄比亚为案例，进一步评估非中关系。

第五章 埃塞俄比亚与中国的关系：一个案例分析

如上所述，许多分析人士认为，中国对非洲的政策主要是为寻求能源和制成品市场，关系所及更多的是资源丰富的非洲国家。尽管中国的需求不容否认，但应该清楚的是，中国与能源丰富的非洲国家关系牵涉多方利益，广泛而健康。如埃塞俄比亚、坦桑尼亚、肯尼亚、莫桑比克、埃及、加纳、利比里亚等国家，并非因其丰富的能源资源而闻名，如石油、天然气或其他战略矿产，但他们正在享受与中国密切的长期伙伴关系。的确，任何国家的外交政策都是由自己的国家利益所决定的。从地缘经济的角度来看，不同的非洲国家有着不同的战略重要性。

中国认为埃塞俄比亚是非洲最重要的战略伙伴之一。埃塞俄比亚并非以石油或其他重要矿产而闻名，而是由于别的因素使其对任何国家都有非常重要的战略意义。埃塞俄比亚是非洲最古老的文明国家之一，也是非洲唯一没有被殖民的国家。它的人口超过 8200 万，是非洲第二大的国家。埃塞俄比亚地处非洲之角，

从右到左分别为：
大使范塔洪博士、前埃塞俄比亚的非洲联盟和联合国非洲经济委员会常驻代表 Amb Konjit 女士、非盟委员会前副总理 Mazhimaka 先生、埃塞俄比亚前总统吉尔马阁下和前联盟主席阿尔法·科纳雷总统（第一任）、非盟委员会的前高级研究员穆斯法法先生。阿尔法·科纳雷总统和帕特里克先生的领导力催生了新盟总部，这座宏伟的建筑群是非洲和中国之间强有力伙伴关系的象征。

与中东和欧洲关系密切，是非洲大陆最具影响力的国家之一。从经济上来看，埃塞俄比亚拥有潜在的丰富的自然资源，包括石油、天然气和其他矿产。该国 65%以上的土地是可耕地，气候条件良好。由于它的水和水力资源丰富，被称为非洲的水塔，装机容量为 4.5 万兆瓦，有利于能源开发和水利灌溉。埃塞俄比亚是尼罗河的源头，它连接着下游国家，苏丹和埃及。埃塞俄比亚还拥有外交和政治上的重要地位，因为它是两个主要的大陆组织非盟和联合国非洲经济委员会的所在地。此外，该国是非洲大陆最大的外交使团和国际组织的东道国之一，有 100 多个特派团和 50 个国际和区域组织在此设立总部。埃塞俄比亚毗邻资源丰富的中东和欧洲，是非洲的外交首都，为外国投资和市场提供了充足的机会。该国的经济主要是农业，预计到 2015 年底将形成以工业为主导。在过去的九年里，埃塞俄比亚的经济连续两位数增长，使其成为非洲增长最快的经济体之一。在此背景下，我想对埃中关系进行分析，以评估中国对埃塞俄比亚发展的贡献。

埃塞俄比亚经济概况

按照非洲的标准，埃塞俄比亚是一个潜在的富裕国家。全国有超过 65% 的土地是肥沃的可耕地，并且有丰沛的降雨。在埃塞俄比亚，尽管农民种植各种各样的产品，饲养牛、羊和山羊，但是咖啡是经济的主要支柱。这个国家也被认为拥有各种各样潜在的矿物。从历史记录来看，埃塞俄比亚的资源使它几个世纪以来一直与外界保持联系。自古以来，埃塞俄比亚商人就用黄金、象牙和野生动物皮交换盐和奢侈品，如丝绸和丝绒。到 19 世纪晚期，咖啡已经成为埃塞俄比亚重要的经济作物之一。

尽管埃塞俄比亚拥有丰富的资源、悠久的文明史和频繁的对外交往，但它从未成为一个出名的贸易国家。我们可以从它自身推断出一些因素，比如，地区领导人之间长期的内部冲突，中央政府所在地的不断转移，政治不稳定，不良治理和外部侵略等。埃塞俄比亚的政治历史经历了三个截然不同的时期。在 1974 年之前，是漫长的封建经济；1974—1991 年军事独裁时期的社会主义经济；1991 年至今，市场经济的建立使埃塞俄比亚焕然一新。埃塞俄比亚也曾经被侵略，意大利以文明化为借口试图殖民埃塞俄比亚，但在 1936—1941 年的短暂占领后被迫离开。虽然意大利政府曾试图引进一些小型工业、商业性农业、道路建设和通信产业，但在分布和规模上非常有限。由于参与货币经济的人口只占总人口的一小部分，对外贸易的交换是微不足道的，制成品的市场也非常小。

20 世纪 40 年代后期，埃塞俄比亚经济的大部分时间保持不变，其生产方式是原始的耕作方式加小农户土地所有制。在 20 世纪 50 年代至 60 年代期间，埃塞俄比亚帝国政府试图建立农业和工业混合的经济体系，改善生活条件，扩大基础设施项目，并引进更好的卫生服务、教育、通讯和其他服务。但是由于政府缺乏技术和行政能力，改革尝试并不成功。

随着 1974 年社会主义革命带来了军事独裁，埃塞俄比亚经济陷入灾难甚至倒退。由于经济增长缓慢、宏观经济发展不平衡以及私人（国内和国外）参与经济的程度微不足道，经济受到各种结构性瓶颈的影响。在这一时期埃塞俄比亚充斥着干旱、饥荒和冲突。除了国内问题外，埃塞俄比亚同其他非洲国家一样，也受到西方和国际金融机构在直接投资、发展援助、减免或取消债务方面施加的各种限制。

1991 年，埃塞俄比亚的人民革命民主阵线（由四个政党组成的联盟）经过长期社会运动，通过武装斗争击垮军事政权，并实行了市场经济体制。几十年来，埃塞俄比亚的经济一直是农业，由此决定了国家经济的特征。埃塞俄比亚的任何其他经济活动，包括运输、制造业或服务业，都依赖于农业部门。根据2006年的数据，农业对GDP的贡献率达45%，农作物和牲畜在该国GDP中所占的份额最大。除此之外，埃塞俄比亚农业方面的出口收入超过总额的80%，农业人口占85%。埃塞俄比亚将农业生产70%的原材料供应给第二产业即加工制造产业。（埃塞俄比亚中央统计局，2006年）农业部门生产粮食和牲畜，贡献了国家GDP的最大份额。

为了指引国家的经济发展，扭转经济发展的下降趋势，埃塞俄比亚政府想通过提高种子、肥料和农业技术的利用率来提高小农户的生产力，并由此推行农业发展为主导的工业化过程（ADLI），这样有利于农业制成品的出口贸易。埃塞俄比亚自2000年以来实施了一系列减贫战略计划，各种政策和制度措施在现实中的确促进了经济的增长。在过去九年里经济实现了飞跃。从2004年开始，实际GDP平均增长率达到11%。实际GDP的增长拉动了服务业的增长，同期服务业平均增长率达到13%，工业部门稳定增长，平均增长率达到了10%。（财政部，埃塞俄比亚，2011）

在过去的十年，埃塞俄比亚的出口商品实现了多样化，摆脱了咖啡、油籽、豆类、皮革、黄金和柳絮（在非洲和中东的一些国家经常被嚼的绿叶）的单一传统出口商品结构。现在，肉类产品、水果和蔬菜、鲜花、蜂蜡、香料、水泥、啤酒和其他商品已列入出口项目清单。（埃塞俄比亚国家银行，2011年）另一方面，埃塞俄比亚进口商品中制成品、资本品、消费品、半成品和燃料占据了进口总额的主要成分。虽然埃塞俄比亚一直与世界各地的不同国家进行贸易，但和每个国家的贸易水平不大相同。在 2002 年至 2008 年期间，埃塞俄比亚从沙特阿拉伯、中国、意大利、美国和阿拉伯联合酋长国大量进口产品，分别占 11.8%、11.5%、7.14% 和 5.8%。（同上）

近年来由于埃塞俄比亚和中国经济关系的不断发展，对彼此的直接影响不断加深，两国之间的贸易额显著增长。我们从不同的角度可以看出埃塞俄比亚的变化，比如，中国多样化和不断增长的直接投资带来了埃塞俄比亚进出口的增加。实际上，埃塞俄比亚对中国的出口主要是农产品，我将在以下几方面做更多的说明。

埃塞俄比亚绿色经济战略

埃塞俄比亚属于受天气影响比较严重的国家，经常受到恶劣气候变化的影响。比如平均气温的升高或降雨量的变化都会对埃塞俄比亚整体经济状况造成消极影响。在埃塞俄比亚前任总理梅莱斯先生的英明领导下，2011 年 2 月发起了气候应变计划，通过绿色经济（CRGE）策略来保护国家避免气候变化的不利影响，这将有助于埃塞俄比亚在 2025 年之前实现中等收入目标。绿色经济主要包括以下四个方面：

1. 改善农作物和畜牧业生产方式，提高粮食安全和农民收入，同时减少排放。

2. 保护和重建森林生态系统包括碳储存，为经济建设服务。

3. 为国内和区域市场提供电力等可再生能源。

4. 以跨越式模式，发展交通、工业、建筑等现代节能技术。

埃塞俄比亚政府估计在未来几年需要花费大约1500亿美元建设绿色经济。虽然埃塞俄比亚目前是世界上增长最快的国家之一，过去九年平均增长率超过11%（财政部长报告，2012），埃塞俄比亚是继中国和印度之后第三个经济增长最快的国家（国际货币基金组织，《经济学人》2011），但是要为绿色经济总投资提供如此巨额资金还是有相当困难的。因此，政府决定利用国内储蓄、外国直接投资、赠款和资金转移等，保持政府预计的经济增长率。埃塞俄比亚会想尽办法与中国和传统伙伴（包括国际金融机构在内的伙伴）进行合作，为其绿色经济提供资金。所以，吸引外国直接投资对埃塞俄比亚非常重要，埃塞俄比亚需要中国的参与。

埃中关系

埃塞俄比亚的石油、天然气和其他重要矿产储量一般，这些资源不能被看成是中埃日益紧密接触的原因。于是人们可能会问，为什么中国对埃塞俄比亚感兴趣？埃塞俄比亚经济发展的机遇和挑战是什么？这是基于两国双赢吗？中国对埃塞俄比亚经济的贡献能否证明是非洲的战略伙伴，而不是新殖民主义？本章的主要任务是讨论这些问题等。另外，我还要强调在冷战结束后埃中关系日益密切，这也是非中关系的新格局。

大使范塔洪博士向埃塞俄比亚前总理梅莱斯·泽纳维（Meles Zenawi）先生介绍了中国支持的新非盟建设进展情况。平杰安主席（前非盟委员会主席）和项目经理宋先生也出席了本次会议。

如上所述，我试着对埃塞俄比亚的经济概况进行一些分析。特别是在 1990 年之前，它是如何在结构上受到影响，并且处于不稳定状态的。1991 年之后，军事独裁结束之后，埃塞俄比亚有了新的开始。随着新一代领导人对治理和经济发展的新认识，埃塞俄比亚的经济出现了光明。埃塞俄比亚经济吸引力是丰富的潜在资源和战略重要性。从这个角度，也可以看到中国与埃塞俄比亚日益加强联系的重要性。

在这方面，我将引用加莫拉（Gedion Gamora）所做的一项关键研究。该研究项目包含了许多变量，这些变量帮助我们更好地理解两国关系。第一，正如他所说的，埃塞俄比亚需要中国的经济援助。西方国家常说，埃塞俄比亚视中国为经济发展的榜样。第二，中国也在各种国际问题上支持埃塞俄比亚的立场，并特别关注埃塞俄比亚的战略重要性和市场潜力。第三，埃塞俄比亚可能成为中国企业的起飞平台，中国的对台政策得到了埃塞俄比亚的外交支持。（Gamora, Gedion, 2009）我还要补充一点，埃塞俄比亚是非洲的外交首都，这对中国来说非常便利。第四，两国之间的经济互动有助于增加两国在新的市场开放中对初级商品的需求。因此，像埃塞俄比亚这样的初级商品生产国将受益巨大，它可以为埃塞俄比亚提供急需的外国货币。埃塞俄比亚也视中国为发展的榜样。中国在经济改革、国家重建，以及从落后国家到世界经济强国奇迹般发展的历史，已经成为像埃塞俄比亚等发展中国家的精神动力。因此，埃中关系在政治、经济和社会活动等多方面具有合作的机会。我会详细讨论这些合作机会。

政治关系

埃塞俄比亚和中国都是有着悠久文明历史和丰富文化资源的国家，埃中关系可以追溯到古代。在本文中，我主要讨论近现代埃中关系的发展。20 世纪 30 年代初，中国支持埃塞俄比亚反对意大利法西斯侵略。在冷战期间，埃塞俄比亚同许多非洲国家一样，同中国建立了外交关系。1970 年 11 月 24 日正式建立外交关系，对两国关系具有重要意义。尽管存在意识形态上的差异，但遵循相互尊重、平等互利的原则，两国关系总体上是平稳的。随着时间的推移，两国关系不断改善，朝着更加友好亲善的方向发展。埃塞俄比亚人民革命民主阵线（EPRDF）1991 年上台后，两国关系不断向前推进，双边关系长足发展，趋势长期向好。之后两国关系发展进入了扩大和加强各领域互利合作的历史高峰。

从中国对非洲的政策中可以看出埃中两国关系的升华。2000 年以后，中国在中非合作论坛上提出了一项政策指导方针，为埃中关系开启了新的征程。埃塞俄比亚在 2003 年主办了第二届中非合作论坛，体现了埃塞俄比亚在非中组织协议中的重要性。中国的政策重点主要包括：扩大非洲的基础设施投资；促进非洲农业发展和农业生产现代化；支持非洲卫生和教育部门的社会发展；促进非洲的和平建设和安全以及在国际论坛上的合作。中埃双边关系一直围绕这项政策框架和目标运行。两国政府高层互访频繁，两国执政党之间的密切交往深化了两国关系，为两国广泛的经济合作提供了机会。中国和埃塞俄比亚还加强了双方利益问题，特别是在处理非洲事务上的多边合作。这种多边合作包括但不限于：和平与安全、发展、债务、环境保护和贸易等。

经济关系

为了加强两国间经济合作，双方签署了多项经济、技术合作、贸易和投资协定。中国将埃塞俄比亚视为原材料的来源国，所以随着埃塞俄比亚经济的快速增长，中国的出口市场将会扩大。对于埃塞俄比亚而言，中国的参与正在刺激其经济增长，并有利于其促进对其他国家的出口。中国的商业模式比西方商业模式更符合埃塞俄比亚的利益，因为西方援助机构往往把它们的支援与许多条件联系起来。

创造投资机会

上文提到与西方附加各种经济和政治条件的债务和援助相反，中国利用南南合作，对埃塞俄比亚的援助重点是条件优惠的贷款，免除债务、基础设施建设和其他援助，以帮助它们摆脱对西方的依赖。总的来说，非洲国家赞赏并积极响应中国自下而上、形式多样的双边投资和贸易援助方式，因为中国表示放弃西方在援助时施加的政治和条件约束。南南发展合作学派认为，中国增加对非洲援助，增加对非贸易和投资可以促进非洲在21世纪实现自给自足和可持续发展，非洲国家也要抓住这个机会做到最好。

这一论断的理由是南南合作的双赢模式除了得到援助外，还可以通过贸易流动、内外资金流动、技术转让和全球价值链一体化带来相当大的收益。没有加入合作伙伴的国家，将无法获得资金援助。（Desta，Asayehegn，2009/5/21）在这方面，中国定义自己为一个重要而有影响力的伙伴，优先发展与非洲的商业合作关系。基于这些论点，以及从中国目前在非洲的投资和战略合作程度来看，许多人认为最近非洲国家GDP的增长是一定程度上是因为中国增加了投资。

只有从这个角度出发，我们才能理解中国在埃塞俄比亚投资的价值。我们看到埃塞俄比亚从中国的经济参与中获益匪浅。

Asayehegn Desta 教授的研究显示，埃塞俄比亚自 2003 年以来实现了可持续的高增长。他进一步提到，自 2000 年以来，中国在埃塞俄比亚的直接投资，成为重塑埃塞俄比亚经济结构的因素之一。其实，中国确实在制定对埃战略方针方面很用心。例如，它支持和投标政府发起的合作项目，主要是基础设施项目。埃塞俄比亚经济结构改革带来了国有企业的私有化浪潮，并迅速吸引了中国的投资。

埃塞俄比亚有许多理由将中国投资作为一项发展策略，以摆脱经济发展的恶性循环。从中国投资中学习新技术，增加就业，扩大生产规模，获得实用知识，并通过出口增加外汇。据新华社报道，中国在埃塞俄比亚的投资集中在三个关键项目，“以此促进双方合作：农业技术展示中心、包括水电站建设在内的一揽子经贸项目和为吸引中国企业投资而建立的东方工业区”。（2008 年 11 月 11 日）据盖塞斯（Gessesse）先生说，截至 2007 年 8 月，中国在项目数量上是埃塞俄比亚的第一大投资大国。在埃塞俄比亚已经运营的 328 项外国投资项目中，30% 来自中国，只有 8% 来自美国。（Gessesse，2008）

埃塞俄比亚已故总理梅莱斯·泽纳维先生说：“与中国建立新的战略伙伴关系以来，埃塞俄比亚工人得到合理的报酬，他们的工作环境很好。”他进一步强调，埃塞俄比亚的出口附加值增加，并为合资伙伴带来了红利。埃塞俄比亚政府认可中国的技术，并期望中国扩大对埃塞俄比亚的技术援助。（2006 年 10 月 17 日）据中国商务部的消息，截至 2011 年底，中国在埃塞俄比亚的直接投资已达 9 亿美元。中国还在亚的斯亚贝巴为非盟总部建立了一个现代化的办公大楼和会议中心，估计价值 2 亿美元。这些充分体现了中国重视同非洲的关系，特别是同埃塞俄比亚的关系。

作为发展战略的一部分，埃塞俄比亚继续在全国范围内开展大规模的基础设施项目，包括建设 6000 公里的铁路和城际轻轨铁路网。根据埃塞俄比亚财政部的消息，中国政府深度参与了埃塞俄比亚的一些项目建设和融资，这些项目建设的第一阶段已经开始。最近，埃塞俄比亚驻中国大使塞尤姆（Seyoum Mesfin）在 2012 年 5 月 16 日澳门论坛上阐明了中国为埃塞俄比亚经济做出的贡献："中国在我们国家的投资正在改变我们国家的经济命运。在埃塞俄比亚的经济转型、投资和基础设施融资方面，中国一直扮演着决定性的角色。"（CHINADAILY.COM）

埃塞俄比亚水利和能源部长阿莱马耶胡太古（Alemayehu Tegenu）先生 2012 年 8 月 16 日在亚的斯亚贝巴详细说明了埃塞俄比亚和中国在电力领域的合作情况，以及在水电和风电建设项目合作方面取得的显著成就。（2012 年 8 月 16 日，亚的斯亚贝巴）埃塞俄比亚还计划增加电力供应（2010—2015 年），从目前的 2178 万瓦增加到 1 万兆瓦。这个项目主要由埃塞俄比亚政府负责融资，但中国的积极参与意义重大。

直接援助

中埃两国经济技术合作包括提供软贷款、赠款和技术援助。中国对埃塞俄比亚的援助包括向埃塞俄比亚派遣医疗小组，提供设备、药品，派遣教师，为在中国学习的埃塞俄比亚学生提供奖学金。财政援助是一揽子援助计划下的各种实施项目。中国政府2008年资助埃塞俄比亚在亚的斯亚贝巴建立了一所职业学校，计划招收3000名学生学习工程、汽车和建筑等技能。2009年中国政府为建在亚的斯亚贝巴郊区的蒂鲁内什·迪巴巴北京医院（Tirunesh Dibaba Beijing Hospital）奠基，计划建成有100张床位的现代化医院。这家医院以2008北京奥运会上获得两枚金牌的埃塞俄比亚运动员蒂鲁内什·迪巴巴的名字命名，由中国政府全额资助，2011年投入运营。（埃塞俄比亚地方通讯社沃尔塔信息中心，2009年6月3日）

基础设施贷款

由于投资不足和财政来源短缺，埃塞俄比亚的基础设施发展长期受到影响。直到20世纪90年代初，人们才意识到作为实现经济发展的主要工具，应该更多地投资于基础设施和公路等。这是埃中关系一直聚焦基础设施建设的主要原因。为此，中国向埃塞俄比亚提供了大量的优惠贷款，用于建设公路、铁轨、水坝和供电线路等，当然，这些基础设施一般由中国国有企业或国有控股企业承建，比如，2003开通的亚的斯亚贝巴绕城公路。（新华社，2003年4月）

中国对埃塞俄比亚公路建设分布于埃塞全境，融资通过提供赠款、部分赠款或贷款。许多公路项目自2003年起在亚的斯亚贝巴陆续开工建设。下面是其中的一部分项目列表。（来源：亚的

斯亚贝巴公路管理局，2006）

1. Alert Hospital– Keranio：380 万美元。

2. Mekanisa 广场至 Anbessa 汽修：455000 美元。

3. Adwa 广场至 CMC 至 Ayat：1600 万美元。

4. LaftoLebu 至 Mekanissa 居民区：932 万美元。

5. Winget 广场至 Gojam 公路：4480 万美元。

6. Gotera 立交桥：1281 万美元。

7. Meganagna 至英国大使馆：2318 万美元。

8. Yekatit 12 广场 至 Afincho 至 Ber 至 Semen 酒店：593 万美元。

9. 埃塞俄比亚—中国友谊之路：393 万美元。

10. 环城公路第一期和第二期：707 万美元。

到 2011 年底，所有这些项目都已经建成通车。2002 年中国水电公司（Hydro Corporation）动工建设一个名为特克兹大坝的水电工程。该水电工程位于埃塞俄比亚北部的特克兹河（Tekeze River），全长 607 英尺，装机容量 300 兆瓦，预计耗资 2.24 亿美元。该项目于 2009 完工，总耗资 3.65 亿美元，埃塞俄比亚政府全额出资建设。2009 年 7 月，埃塞俄比亚与中国续签了 19 亿欧元的电力合作协议，中国水电公司在埃塞俄比亚西南部奥莫河上建造 Gibe 四期大坝，建成后发电能力 2150 兆瓦。（路透社，2009 年 7 月 15 日）此外，中国葛洲坝集团公司从中国进出口银行（China Exim bank）贷款部分资金，在埃塞俄比亚西部启动耗资 7600 万美元的 Fincha–Amerti– Neshe 水电及灌溉工程。灌溉设施将用于制糖厂的甘蔗种植。（中国大使馆经参处，亚的斯亚贝

巴，2012）

中国进出口银行还参与了 51 兆瓦 Adama 第一期风电项目的部分融资。该项目投资为 1.57 亿美元，2011 年启动，2012 年完工。另一方面，埃塞俄比亚政府已经在奥莫河上开始建设 Gilgel Gibe 三期 1870 兆瓦的水电项目。这项工程靠近肯尼亚边境，耗资 19.5 亿美元。中国进出口银行为该项目贷款 3400 万美元，用于建设输电线路，进出口银行的贷款占输电线路工程预算的 85%。中国工商银行为 4.95 亿美元的涡轮和机电工程预算提供 85% 的资金。（Gibe3.com.et 2011）超过 65% 的工程已经完成，预计将在 2013 年底前最后完工。该项目是埃塞俄比亚政府多项规划中的一个，旨在实现能源、基础设施、通讯、经济和行政网络与合作的一体化。鉴于该项目的重要性，埃塞俄比亚和肯尼亚政府正在密切合作。

在中国国家开发银行融资支持下，Kesem 糖厂获得了 1.5 亿美元的信用贷款，2011 年在埃塞俄比亚的阿法尔地区开始建厂。（中国驻亚的斯亚贝巴大使馆经参处，2011）

2009 年 11 月，中国还与埃塞俄比亚签署了一项协议，提供 3.49 亿美元的贷款，用于帮助埃塞俄比亚建设该国首条 79 公里长的高速公路，将首都亚的斯亚贝巴与拿撒勒市（Nazareth ）连接起来。根据协议，中国进出口银行提供这笔贷款，该项目由中国桥梁公司承建。这条六车道的收费高速公路将缩短埃塞俄比亚通往吉布提港口的行车时间，把这个内陆国家与海洋连接起来。该项目建设预计将于 2014 年完成。（《人民日报》《中国日报》，2009 年 11 月 9 日）

据中国商务部统计，截至2011年底，中国驻埃塞俄比亚企业累计完成工程合同40亿美元。2011年1月中国商务部长陈德铭先生访问埃塞俄比亚期间，就进一步发展与埃塞俄比亚的双边经贸合作提出了四点建议：第一，通过减免关税政策进一步扩大从埃塞俄比亚的进口；第二，加强投资和工程合作，继续鼓励中国企业在埃塞俄比亚投资；第三，全面落实加强与非洲合作的八项新措施；第四，进一步推动政府援助方面的合作，支持埃塞俄比亚基础设施建设，改善民生。

贸　易

埃塞俄比亚和中国之间的贸易往来在数量和多样性方面也有很大的扩展。埃塞俄比亚对中国的出口从2000年以前的微不足道增长到2006年的约1.3亿美元，主要是半成品皮革等原材料。从1996年到2006年，中国对埃塞俄比亚的出口额从5000万美元增长到4.3亿美元，其中包括廉价的服装、机械和电子设备。（Gamora, Gedion, 2009）埃塞俄比亚政府鼓励当地的建筑和制造企业从中国进口产品。埃塞与中国国有和私营公司之间的贸易往来不断增长。比如埃塞俄比亚对不同类型产品实行特别配额和关税安排，以此鼓励出口，到2009年与中国的双边贸易额增长到13亿美元。事实证明，这些特殊的政策能够刺激埃塞俄比亚的出口市场，创造更多外汇，以充实国内投资。尽管双边贸易显著增加，但从中国进口的商品明显比出口到中国的多，贸易逆差有利于中国一方。

1997—2004年期间，埃塞俄比亚对中国的出口（农业）份额一直保持在2%以下，低于其他非洲石油出口国。但是值得我们注意的是，到2006年，中国已经成为埃塞俄比亚第一大出口贸易国，占比达到13.3%，德国以9.8%的份额排行第二。（埃塞俄比亚工业和工业贸易部提供的数据，2005/2006）德国是埃塞俄比亚早期出口的主要国家，但随着中国的崛起，德国的份额有所下降，中国成为主要出口国。这有助于埃塞俄比亚实现出口贸易的多样化。自2005以来，埃塞俄比亚向中国出口的一些产品（约187个）获得了免除配额和减免关税的优惠政策，这是中国成为埃塞俄比亚主要出口市场的原因之一。（Raphael, Kaplinsky, 2006）然而，当时埃塞俄比亚只能向中国出口三类产品：芝麻、皮革或皮革制品以及香料。后来，出口的商品中增加了其他产品，如咖啡、园艺产品、天然胶、蜂蜡、食用油、纺织品、宝石和其他有机产品。

中埃两国继续保持良好的政治和外交关系，为进一步扩大双方贸易往来创造了有利条件。2010年中国对埃出口达1.209亿美元，同比增长3.4%，从埃塞俄比亚进口增长6.5%，达到2.92亿美元。（新华社亚的斯亚贝巴1月5日电）据中国商务部部长称，中国与埃塞俄比亚的贸易额到2015年将达到30亿美元。

在农业部门的投资

对埃塞俄比亚农业部门的任何投资都至关重要，因为农业是埃经济的主要支柱、外汇收入的重要来源和就业的主体部门。

虽然农业发展潜力巨大，但埃塞俄比亚长期受困于干旱、饥荒，以至于无力养活她的人民。因此，对于埃塞俄比亚政府最重要的是制定农业发展政策，提高劳动生产率，实现经济的全面转型。

中国参与埃塞俄比亚农业发展始于两国 1970 年 12 月 1 日建交之后。初期，中国对埃农村地区的援助十分有限，但之后在农业的众多领域投资逐渐开始增加，比如，农村路网改造、兽医培训、手工业发展、农业灌溉以及农村发电等项目。尽管中国农业援埃项目不多，但 1998 年之后一直在增加。中国的援助形式包括支持联合国粮农组织的南南合作项目、农村棉纺厂机械设备免息贷款、青年志愿者、埃中农业培训，以及金持地区的大型农业科技示范中心等。（Brautigam 和 Tang，2012 年 5 月，p12）中国提供资金、材料和专家指导，建设埃塞俄比亚的农业技术与职业培训体系，意义重大。中国的投资不仅局限于农业领域，还涉及皮革加工、纺织、制糖、化工、水泥、建材等领域。为了促进上述产业的健康发展，中国在杜克姆建立了一个产业经济特区，并计划在埃塞俄比亚其他地方复制这一模式。虽然中国在埃塞俄比亚农业和制造业的投资及其效益的确切数据非常难以获得，但中国在上述领域的大力参与确实对埃政府主导的发展战略做出了积极的贡献。

在制造业领域的投资

总体而言，中国对非直接投资在四年中增加了两倍，从 2006

年的 9300 万美元增加到 2010 年的 2.7 亿美元，并因此为非洲大陆创造了 160 万个就业岗位。尽管工业化水平低、自然资源匮乏、基础设施落后，在众多非洲国家中，埃塞俄比亚已经是中国制造业对外直接投资的第五大目的地国。鉴于中国正经历经济结构转型，来自中国的外商直接投资很可能集中于劳动密集型产业，这势必为当地创造大量就业机会，更为重要的是，由此给埃塞俄比亚带来了制度创新的经验和工人劳动技能的提升。这方面的最好案例是中国华坚鞋业有限公司，他们有 600 名雇员，其中 410 名是在当地招聘。人们普遍认为，对于埃塞俄比亚这样的发展中国家，制造业领域的外来直接投资要远远优于其他形式的直接投资。因为采矿业、制造业以及相关产业较之单纯的矿产和资源型行业会吸纳更多的就业人口，从而有助于在更广的产业领域提升劳动生产率。

中国积极参与埃塞俄比亚制造业领域的投资，受到该国政府的欢迎，因为这些部门正苦于外汇短缺和结构性失业。在该领域的任何集约化投资都会受到政府重视，因为这有助于埃塞俄比亚经济实现从农业向工业领域转型的国家发展战略。着眼于此，举凡劳动密集型、高附加值、出口导向产业，诸如纺织、皮革、制糖、钢条、水泥等，在政府的发展规划中都属于优先发展的产业。（埃塞俄比亚投资局，2012 年 2 月 12 日）一如埃塞俄比亚政府正急欲吸引外国投资，中国也同样看重该国的投资机会。根据中国驻埃商会提供的数据显示，截至 2010 年，已有超过两百家中资企业在埃投资建厂，总投资额超过 1 亿美元。（中国商务部，2010）这些企业的投资领域涵盖了健康产业、制鞋、皮革、玻璃，汽车装配等。许多中国企业发现，埃塞俄比亚投资环境十分友好，国家政局稳定、治安良好、人工成本低廉、熟练工人充足、税收政策优惠、贸易条件便利、当地市场不断扩大，非洲市场前景广阔。

东方工业园是一家中国私营企业——江苏永元集团——在距离首都亚的斯亚贝巴三十公里的 Dukem 开发建设的工业园区，其功能是当地出口贸易加工基地和连接中国企业与全球市场的桥梁。许多入园企业，如制鞋厂、水泥包装厂、预制件厂、皮卡组装厂已经建成投产。

2011 年中国投资和建设的新项目

我确信上述分析将有助于我们理解中国是如何积极参与埃塞俄比亚的经济发展的。相关合作硕果累累，已足以证明中国对埃塞俄比亚经济的全面发展做出了不可替代的贡献，埃塞俄比亚已经成为全球范围内经济增速最快的国家，仅次于中国和印度。这同样证明了某些批评者否定中国对非洲的伙伴关系，而贴上新殖民主义标签是何其荒谬。

即便如此，为了更清楚地理解中国参与埃塞俄比亚经济发展的程度，尤其是在基建部门的投资，我想就 2011 年中国在埃主要投资和建设项目列表，以便提供更多信息。这些项目的第一大类由中国的私营企业投资，第二大类则由埃塞俄比亚政府等筹资。中资银行提供了项目建设的信贷融资，项目施工通常由中资公司承接。

2011 年中国建设投资的新项目

子类项目	公司名称	项目金额	投资领域
制造业	首都水泥 华坚鞋业 野马汽车 LQY 钢管	13000000 美元 5000000 美元 2500000 美元 1500000 美元	水泥生产 制鞋 汽车装配 钢管
设备租赁	中非可再生能源	5000000 美元	设备租赁
餐饮业	阳光海鲜城	100000 美元	中式餐饮
电子装配	郑东晓	550000 美元	电子装配

资料来源：埃塞俄比亚，亚的斯亚贝巴，中国驻埃大使馆经参处。

2011 年中国合同项目

子类项目	项目名称	合同金额	项目内容
电力	Adama 风电项目 Gibe-2 Wolatia 输变电项目 Gibe 水坝 3 号水电站工程总承包项目	117000000 美元 25000342 美元 451000000 美元	建设风电农场 设计并建造 119 千米 400 千伏高压输变线 建造 110 米高大坝、12.4 千米隧道、装配三组 84.7 万瓦发电机组
道路	Wolkite 至 Arekit 道路项目 Abiadi 至 Fireweyni 道路项目 Arya 至 Chanka 道路升级改造项目	40400000 美元 50000000 美元 40000000 美元	60 千米柏油路 100 千米柏油路 67.78 千米柏油和水泥路
灌溉	RIBB 大坝取水塔工程 Wolkite 大坝灌浆工程	12930000 美元 11000000 美元	土木工程 大坝灌浆

续表

子类项目	项目名称	合同金额	项目内容
铁路	Ethio 至 Djibouti 铁路一期工程：Addis 至 Mieso Ethio 段至 Djibouti 铁路二期工程：Mieso–Dewele 段	1639000000 美元 1197400000 美元	设计和建造 339 千米铁路线 设计和建造 339 千米铁路线
电信	MCIT 电信项目 A.A. 市政服务网络 国家安全网络项目	200000 美元 8000000 美元 2000000 美元	建设 TPX 系统 网络建设 网络建设
冶金	Bikilal 矿冶和钢厂项目	368000000 美元	建设一家年产五十万吨的钢厂
食品加工机械	Habesha 啤酒厂	28000000 美元	设计、供应并安装一条年产三万吨的啤酒生产线

资料来源：埃塞俄比亚，亚的斯亚贝巴，中国驻埃大使馆经参处，2011。

对双边合作关系的评估

我认为对于埃中双边关系所做的上述分析可以视为一个案例来研究，这将有助于我们理解中国究竟对于埃塞俄比亚经济发展做出了多大的贡献。许多批评者，不管是领导人还是学者，尤其是西方的国家以及媒体，总是习惯于从冷战思维和新殖民主义视角来看待非中关系。首先，他们有意回避这一事实：冷战结束之后，国际关系无论是目标还是关注焦点都已发生了巨变，其结果就是世界经济力量的平衡也随之发生了变化。两极世界向着多极化方向演变这一事实表明：诸如中国、印度和巴西这些南方国家作为新兴经济和政治力量的崛起，已经形成新的国际阵营。另一个同样重要并值得重视的事实是，在世界性经济危机之后，二十国集团自身也经历了深刻变化，在新的全球经济秩序构建中发挥着重要作用。所有这一系列的事件的确给她们自身和发展中国家均带来了挑战与机遇。

因此，非中关系必须置于全球化大背景下才能获得正确理解。正如前面各章节已经详细阐述的那样，在应对诸如和平、安全、贫困、环保、恐怖主义等全球挑战时，非中关系以人类共同价值观为基础，以合作互利为原则，是新型国际关系的典范。国际社会的主要任务就应该是如何协调彼此行动，形成合力应对全球性的复杂挑战。

鉴于中国在非洲发展过程中做出了巨大贡献这一事实，某些批评者质疑中国在非行动的动机，就显得既不道德，逻辑上也完全站不住脚。前面章节已经分析指出，长久以来，非洲始终没有获得机会，独立制定适合自身的发展规划。西方国家及其公司一直在干涉非洲事务。尽管非洲资源丰饶，她却从未被视为一片希望的大陆。更有甚者，她常常被说成是无望之洲。西方发达国家及其公司常常以管理落后、政局不稳为由有意回避非洲。具有讽刺意味的是：由西方国家及国际金融机构旨在解决上述管理不善、政局动荡问题的措施往往归于失败，因为他们的措施既昧于当地实情，又一味强调对于其错误政策建议不折不扣的执行，而且将利害最为攸关的非洲人民排斥在外。

在前面章节里已经解释过，非洲在冷战结束后的一段时间甚至更加被边缘化了。这部分是因为富裕国家及其公司将其视线转向了前东欧社会主义国家。但是，非洲正在重新变得富于生机，因为一股新的变革之风已经起于青萍之末。这源于非洲国家开始重新宣示决心要掌控自己的未来，走独立自主的发展道路，以期在这块大陆上获得善治、和平与安宁。因此，中国参与非洲建设绝非巧合，中国的“走出去”战略恰逢非洲决心转型、发展经济之际，中国政府的一系列倡议大力支持和鼓励了中国公司对非投资。为了落实这些倡议，中国政府发布了未来中非关系政策指引，建立了非洲投资发展基金，扩大了对非出口贸易。此外，中国政府制定政策指引，通过中资银行提供低息贷款，支持对非直接投资，

然而，在中国参与非洲建设问题上却始终争议不断，并且一直聚焦于非洲的国际关系领域。这些争议催生出了一个学术圈，将中国参与非洲建设的动机置于一个理论框架之下，该理论框架指导我们思考在国际关系背景下国家将如何行为。要想看清中非关系的实质，正确理解中国的非洲政策，并且评估其对于非洲可持续发展的影响将十分重要。

从本书前面章节提供的理论视角来看，中国参与非洲的建设完全没有诸如剥削、掌控、干涉，或者阻碍非洲发展机会等任何新殖民主义色彩，相反，中国的非洲政策始终以互利双赢、不干涉内政、共同发展为原则建立合作伙伴关系。中国援助非洲发展的策略更加注重实效，更加注重满足非洲发展过程中应对各种挑战的急迫需求。反观西方参与非洲发展的合作者们，他们更在意如何让市场更多发挥作用而恰恰忽视了对于提高生产效率和减贫方面至关重要的基建投资和基础设施建设。

中国在这方面的做法则截然相反，它着眼于弥补基础设施短

板、降低投资成本、遏制官僚主义作风。许多非洲学者都承认中国在协助非洲获得长期经济发展中扮演的角色是建立在互利原则之上的。人们常说，欧洲殖民主义者修路只是为了在殖民地掠夺资源，而中国修路却不仅可以运输资源，还能为当地人民用于其他经济和社会活动。这也同样解释了中国对非洲资源的需求同时有助于扩大中国对非投资，而这恰为非洲所急需。这一良性互动关系随着生产增加、市场扩大，同样为非洲生产者提供了更多机会，并增加外汇收入。

中国对于非洲的态度与众不同，不像西方国家，中国始终视非洲为富于发展潜力和机会平等的合作伙伴。中国作为国际大家庭中新兴经济体和新兴政治力量的代表，已经证明自己在国际论坛上和国际组织中始终维护非洲国家的利益，是非洲国家可以信赖的盟友和支持者。难以想象新殖民主义国家会如此行事。作为加强中非合作关系的一项机制，中非合作论坛的创立本身就是双方积极参与，是深化双边合作和多边合作的外交努力。

因此，埃中关系的特点与实质只有放在中非关系的大背景下才能正确理解。如前文已经生动陈述的，在埃塞俄比亚经济发展中，中国的积极参与十分重要。随着双边经济和政治联系不断加强，中国必将成为埃塞俄比亚除西方国家之外的另一个投资来源地和贸易伙伴国。中国农业发展历史悠久，并一向重视农业发展方式转型。中国从农业经济向工业经济转型过程中进行体制改革、推进基础设施建设、提高政府机构效能和积累人力资本，所有这一切都是严重依赖农业经济的埃塞俄比亚可以借鉴、学习的，埃塞俄比亚可以从中获益良多。中国提供了一个极好的例证：一个富于远见并坚持原则的政治领导，在国家发展模式的选择上完全可以走一条不同寻常的道路！中国独立自主的经济改革之路，是埃塞俄比亚以及多年来一直没能走出自己发展道路的非洲国家学习的样板。机构改革、金融支持、在重要经济领域的投资——诸如旨在打破国内生产瓶颈的基建投资等，中国这些做法对于类似埃塞俄比亚这样的发展国家有很好的借鉴意义。

中国在埃塞俄比亚的投资形式多样，对埃援助主要采取财政援助、大规模免息贷款、给予埃塞俄比亚出口到中国的商品免征关税等，这一切为埃塞俄比亚的经济发展创造了机会，扩大了埃塞俄比亚的出口市场，增加了外汇收入并创造了就业。中国鼓励中资银行在埃塞俄比亚投资并承接项目，为其经济发展增添了活力。埃中合作关系一直致力于推进埃塞俄比亚的发展与转型计划，该计划旨在推动埃塞俄比亚至2020年步入中等收入国家。

如上所述，正是基于这样共同的目标，中国将投资主要集中在对埃塞俄比亚发展的众多关键领域，如基础设施建设，制造业与农业的发展，人力资源的开发、教育与医疗行业的发展。显而易见，中国已经全方位地参与到埃塞俄比亚的经济建设中来，特别是政府鼓励企业投资埃塞俄比亚，中资银行为埃塞俄比亚的各种项目（特别是能源、公路和铁路）提供信贷服务，这在非洲大陆堪称是学习和效仿的典范。

埃塞俄比亚过去九年所呈现出奇迹般的两位数经济增长绝不是偶然。中国对此所做出的贡献是一个重要因素，不仅受到两国政府的好评，也受到国际货币基金组织、世界银行和非洲开发银行等国际金融机构的好评。作为迄今为止世界上增长最快的经济体之一，埃塞俄比亚这些年所取得的发展得到了众多经济发展研究学者的认可，中国投资对此做出的贡献毋庸置疑。老话说得好，行胜于言，诚寓于行。中国已经用实际行动证明自己并非所谓的非洲新殖民主义势力。根据目前的经济形势，埃塞俄比亚的经济将继续保持两位数的高速增长，据联合国的预测，埃塞俄比亚将在2015年成为少数实现千年发展目标的非洲国家之一。特别是通过电力、通信、公路和铁路整合非洲之角，以实现该区域市场一体化、可持续增长和共同发展的宏伟计划，中国所做出的贡献及在其中扮演的角色具有显著意义。毫无疑问，中国是埃塞俄比亚的主要捐助国和投资来源国，中国在埃塞俄比亚经济中的贡献仍将是至关重要和决定性的。

最后，在对非中和埃中的友好关系的积极作用表示感激的同时，我们也必须意识到这种关系可能带来的一些挑战和问题。客观地说，只要是涉及这种双边或多边的国际关系问题，必然有其自身的发展机遇和挑战。前文已经充分证明，这种双边和多边关系是以合作共赢为前提的，因此，在研究非中和埃中之间的关系时，我更倾向于探讨这种关系积极的一面。然而，这并不意味着我们就仅仅讨论好的一面，而隐藏消极的一面。在接下来的章节中，我们将看到一些不同的观点和挑战，并将提出非洲和中国应该如何维持这种关系以维护双方的利益。

第六章　非中关系的反应

近二十多年以来，中国和非洲持续的深入合作得到很多人的支持与认可，同时也引起部分人的不安。中国到底是非洲的合作伙伴，还只是单纯地希望在非洲大陆上索求自身的利益，这一话题得到了各界的广泛关注。大量的学术文章和书籍，以及研究国际关系的政治评论员和专家多次提出，对于非洲而言，中国的到来既是机遇，也是威胁。对被西方发达国家边缘化了多年、错失发展机会的非洲大陆而言，许多积极的观点都倾向于将中国的到来，视为一个改善非洲在当前南南合作关系中状态的绝佳机会，因为这将显著提升非洲国家政治上的地位以及经济上的发展水平。相反，其他人则认为中国只不过打着合作共赢的幌子，实则与西方国家并无本质的区别。他们甚至把中国在非洲大陆的活动称为“新殖民主义”。然而，除非我们能提供确凿的证据以证明中国在非洲大陆所谓的“新殖民主义”行为，否则我们就不能毫无根据的做出这样的论断。

关于自然资源的利用

西方的政治领导人越来越担心，中国对美国在非洲大陆政治和经济上绝对领导地位的挑战，将重构非洲大陆上的权力平衡。对于早已将非洲视为自己的后花园的西方国家而言，中国在非洲大陆的举动无疑被认为是对于自身利益的侵占。特别是在意识到中国在非洲大陆日益月滋的影响力，将直接威胁到其国家利益与价值理念。近些年中国大幅增加对安哥拉、尼日利亚、苏丹、加蓬、赤道几内亚等非洲国家开采掘业的投资，以及其在其他非洲国家蓬勃发展的勘探活动，西方国家可谓是看在眼里，急在心里。然而，我们不禁要问，西方国家凭什么就认为非洲的资源只供他们使用？这是否意味着，非洲国家想要将自己的资源卖给其他国家的权利都没有吗？还有一点值得注意的是，如果西方国家确实希望非洲国家发展起来，它们应该真诚的协助非洲国家，最大限度地利用其自然资源。

关于苏丹达尔富尔地区的冲突问题

西方国家密切关注的另一个领域则是关于中国在苏丹达尔富尔地区冲突中所扮演的角色问题。它们声称中国为了获取苏丹的石油资源，始终反对联合国安理会对苏丹政府实施可能的制裁，并指责中国向喀土穆政权提供武器。中国方面给出的解释是，任何对政府的制裁措施，只会破坏和平进程，最终伤害到普通百姓。

关于善治与人权问题

西方再次抱怨说，中国所谓相互尊重政治和经济制度的不干预政策，实质上正在阻碍非洲建立民主和善政的进程，且有助于保护非洲大陆的专政。特别是津巴布韦和苏丹，被西方国家的一些评论家点名批评。然而，我们必须意识到这种被西方国家推崇，而非根源于非洲大陆的诸如人权和善政等政策问题，并不能为当前非洲发展和挑战提供满意的解决方案。而且，到目前为止也没有非洲国家责备中国干涉其内政，以此为由而责怪中国显然是不合理的，言过其实了。坦白地说，非洲过去和现在的政治历史都表明，西方国家与非洲的关系完全取决于国家利益，而非所谓的善政和人权问题。一直以来都被西方国家标榜为盟友的非洲国家，近期却被其评判为专政独裁。可是这与中国又有什么关系呢？

关于中国廉价商品的问题

另一个更具争议性的问题便是来自中国的大量廉价商品充斥着整个非洲市场，直接导致了非洲出口的下滑。非洲大陆许多人指责中国在非洲市场倾销如鞋类、纺织品、服装、电子产品、机器、塑料制品和药品等廉价劣质产品。非洲商人也抱怨，由于与中国低成本进口商品的竞争，当地的工厂，尤其是纺织、服装、塑料和制鞋工业，正处于濒临倒闭的边缘。毫无疑问，来自中国的低价产品在非洲极受欢迎，但是，大量外来商品的涌入挤占了非洲本地企业的市场份额，本地的就业机会也因此受到影响。产品的质量也是诟病之一，尤其是电子产品，时常被指责与出口到西方国家的电子产品质量上相差巨大。赞比亚、塞内加尔和南非等一些非洲国家的贸易商还曾经遭遇了抵制中国产品的抗议活动。

非洲的评论家声称，中国不仅仅与非洲出口商直接竞争，抢占其全球的市场份额，还挤占了非洲本地生产商的市场份额。（泰勒、伊恩，2010）非洲工会和民间社会组织以及当地的生产商也对此表示强烈的谴责。所有这些使一些人声称，非洲国家向中国出口原材料和进口成品的这种贸易格局，正在变得具有殖民地特征。（《商业日报》，2005 年 9 月 27 日）尽管对非中贸易关系有争议的一些观点（并非全部）确实存在，但关于这种贸易模式的新殖民主义的说法则显然有些夸大事实了。我们知道，新殖民主义指的是包括一个国家的政治、经济、文化和社会实践以及行为在生产关系中表现为剥削和支配的行为，仅仅具备部分情形就把非中这种贸易格局理解成新殖民主义过于草率了。

还应该指出的是，与非中之间的总体贸易增长相比，非中贸易额占其对外贸易总额中的比例实际很有限。目前，中国确实是非洲最大的贸易伙伴。但是，非中贸易额占非洲贸易总额的比例不到 15%，而发达国家则占到其贸易总额的 70% 以上。（张小峰，2009，pp247—248）实际上当前非中贸易仅限于少数几个国家和地区，主要集中在采掘行业。尽管中国大量的工业品充斥着非洲市场，可是大部分都是低端消费品和低质量的劳动密集型或材料密集型低附加值产品。然而，因为价格低廉，加上非洲当前经济形势，许多消费者宁愿购买中国产品，当然这也可能会使本地产品失去竞争力。

但是，应该清楚的是，中国作为继美国之后的全球第二大经济大国，有能力生产和出口满足世界不同需求的产品，这些产品在世界任何地方都具有竞争力。近些年在科学技术方面的进步使其能够出口电子产品、纺织品、汽车、成套设备等到西方国家市场，且在质量和设计方面更受西方消费者的青睐。被贴上廉价和低质量标签的中国产品早已成为过去式了，相比十年前，当前中国产品的质量可谓是发生了天翻地覆的变化。

尽管如此，非洲政府应该努力确保本地工业和企业的能力得到加强，以帮助它们在质量和价格方面与进口产品竞争。就像所有的新兴经济体一样，政府应该对还未具备足够竞争力的本地企业提供适当的保护，并采取措施提高附加值高的产品的出口，以及设计多元化的经济结构吸引国际资本和国际投资。

关于中非双边经济关系失衡的问题

毫无疑问，非洲和中国，以及埃塞俄比亚和中国的双边经济关系在过去二十年中取得了巨大的发展。然而，一些人认为，经济领域内的大范围的收支不平衡（特别是贸易领域）可能对双边经济关系构成挑战。目前很多非洲国家与中国的贸易情况表明，尽管进口和出口的贸易额都增长显著，可是对主要出口初级产品的非洲国家而言，即便是贸易平衡也依然是对中国更有利。相反，以石油和其他矿物出口的国家情况则不同，比如赞比亚、安哥拉、苏丹和尼日利亚，与中国的贸易差额显然有利于这些非洲国家。还应该清楚的是，根据目前的资料来源，70%的非中贸易额是以自然资源为主。那么，在分析非洲和中国贸易不平衡时，我们是不是应该区分贸易不平衡的是30%的那部分还是70%的那部分呢？此外，当我们提到经济关系的不平衡时，我们不应该忽略中国对非洲经济体的实际投资。正如我们在埃塞俄比亚的案例研究中所考察的那样，中国政府及其公司正积极地参与非洲国家关键行业和部门的建设与发展，贸易只是双方经济关系的一个重要方面。

关于劳务雇佣的问题

随着非洲和中国之间的贸易交流增加，中国和非洲企业之间出现了劳务雇佣领域的冲突。中国企业家很少聘请本地专业人员担任主要领域的管理职务。即便是工作岗位可以很容易被当地劳工填补，中国企业还是倾向于雇用自己的国民。中国人认为，招聘中国的专业人员和劳动力在经济上更有效率，技术上更有优势，因为他们更熟悉技术，在与员工沟通时面临更少的语言和文化障碍。

从非洲的角度来看，中国的劳务雇佣对当地经济和就业的贡献不足。因此，中国的做法不利于将知识和技术转让给非洲以提高其发展建设能力的战略设想。随着中国公司参与更多投资和承包项目，为了减少不断增长的不满情绪和避免更多的消极后果，劳务雇佣的问题随着时间的推移将逐渐得到改善。中方亦已了解到，劳务雇佣的这种变化有可能最终降低生产成本，有助于中国企业构建良性资本循环并使当地社区受益。中国在非洲的投资是否雇佣本地专业人员和工人，是非中双方都应高度重视的一个问题，因为这将是推动非洲人力资源开发的重要因素。

西方与中国在非洲利益冲突的公开化

西方对非洲的影响在历史上长期存在——从殖民主义时期到冷战时期的地缘战略控制，再到今天，这种影响依旧存在。基于此，西方国家仍然将非洲视为其“势力范围”，而中国通常被认为是该地区的“外星球员”。（Berger，Bernt，2006，pp129-138）为了确保石油和其他自然资源的供应而与非洲国家发展友好关系，支持非洲大陆的腐败和专政，这些都成为西方国家指责中国当前在非洲活动的内容。显然，让人越来越担心的是，随着中国参与非洲建设和发展的不断深入，特别是在能源供应的竞争中，中国与西方国家的利益冲突可能会由隐性冲突升级为显性冲突。如果冲突影响到非洲国家的政治活动，支持或反对一方以对抗另一方，那么这种冲突可能会更糟。许多人表示担心，中国可能重演在冷战时期与西方国家对抗的苏联，为取得在非洲大陆足够的话语权而与西方国家展开政治活动的竞争。

综合评价

虽然上面提出的批评有部分是合理的，可是想要证实和理解中国在非洲的动机，则需要通过细致和客观的考察。我们必须要意识到，尽管中国与非洲的交往日益频繁，但在非洲经济和政治领域的活动中并非占有绝对的主导地位。西方国家尤其是美国和欧盟以及国际金融机构将继续保持他们在非洲大陆的支配地位。然而，如果批评中国利用援助作为获取资源或实现政治目标的工具，那么人们必须同样认识到，富裕的西方国家长期参与非洲的发展建设，绝不仅仅是单纯地为了促进非洲的发展。众所周知，来自西方的援助已经持续了很多年了，可是这种援助并非简单而纯粹的援助，而是带有战略意图的援助，实证数据也清楚地表明，绝大多数对非洲的援助计划对减少贫困或促进发展的影响甚微。

与西方国家效果甚微的援助计划相比，中国所提供不同形式的方案可能为非洲的受援国带来新的可能，它提供了一种西方国家援助之外的方法，对于促进非洲经济的增长和效率的提升可能更为显著。相当部分的学者则认为，非洲应该在国际关系中扮演弱势的一方，妥善地处理与东方和西方的关系，争取任何符合非洲的利益。特别是充分利用双方日趋激烈的竞争态势，从而为不同的战略创造空间，或许会使所有发展方案更有效率。

最近的证据表明，西方国家似乎已从他们的非洲发展计划令人失望的结果中汲取了教训，并对其援助和债务减免计划做了一些调整，尤其是随着中国的出现，他们意识到需要尽快地改进他们的方案以提高有效性。（L. L. Rieffel，2007）同样重要的是，因为大家都有寻求可靠的石油和原材料供应商的共同目标，客观上也决定了非洲大陆需要一个稳定的环境，所以，八国集团和中国应该共同努力支持非洲的发展，而不是彼此竞争。另一方面，中国不能忽视非洲大陆的治理和人权问题，因为这是决定同非洲保持稳定经济关系与否的关键因素，同时，这对于建立中国在国际上大国的形象也很重要。

现在越来越多的证据表明中国从过去与非洲关系方面的问题和挑战中吸取了教训。中国已表明决心采取措施减少对与非洲交往的不利影响。他们正在对工作场所安全性差、环境恶化和社会安全体系不完善的问题采取措施，并且新的措施都必须与可持续的经济发展理念相匹配。随着时间的推移，人们也注意到中国在非洲的项目中使用了更多的本地员工。中国在非洲建立经济特区的政策是帮助非洲经济由初级加工转变为制造业新措施的一部分，从而拓宽了各国的经济基础。很明显，这些措施将使非洲经济更具竞争力和多元化。随着非洲具备出口工业制成品的能力，亦能满足本地市场的需求，非洲大陆将大大减少中国制成品的进口。中国也应该听取非洲消费者的投诉，并不断改进产品质量和服务，以满足非洲市场的期望。鉴于当下全球性经济危机还未褪去，保持中非双边关系的长期稳定至关重要。

新殖民主义的指控在很大程度上是西方对中国在非洲日益增长的存在感和影响力所表现出来的焦虑。考虑到近十年来非中之间的贸易奇迹般增长，到 2012 年底这一数值将达到近 1700 亿美元；大幅增长的对非洲直接投资，中国及其公司对非洲经济发展的巨大贡献；以及中国和非洲国家间在外交和政治领域建立的信任，无论如何，中国在非洲大陆的行为不应承受新殖民主义的指控。因此，基于必要和理性的推理过程，我们认为无论是在整个非洲，还是在埃塞俄比亚的个别案例，所呈现出的双边关系都不符合新殖民主义的特征。关键的问题是，非中关系对当前的非洲发展状况产生了什么样的影响。有趣的是，根据世界银行和国际货币基金组织的报告，在整个世界经济都处于经济危机的阴霾之中时，非洲的平均经济增长率却高于5.6%。同时，全球经济增长速度最快的十大经济体中，有七个来自非洲。几十年前还被称为绝望的大陆，今天却被许多发展研究机构和专家称为崛起的非洲大陆。而中国不仅仅成为促进非洲经济发展的一个重要因素，还成为非洲国家改革发展的灵感源泉和学习的典范。

谈到在非洲地区借鉴中国的发展模式，各国总是渴望从其他国家获得最好的经验。考虑之前在改革过程中所遇到的挑战，非洲大陆的各个国家都急于了解中国大陆如何将其以农业为主的经济转变为当今世界主要经济体之一。埃塞俄比亚的增长和转型计划也受到中国经验的影响，除此之外，中国台湾和韩国的发展经验对埃塞俄比亚的发展战略也很重要。许多非洲国家也认为，包括中国在内的东亚地区国家的发展经验，对自身发展更具可复制性。另一方面，新自由主义经济理论最近在非洲很多国家被反复提及，特别是在埃塞俄比亚，由于其过多的政府宏观调控而饱受批评。然而，很多对这个理论持怀疑态度的批评者也认为，引起当前全球金融和经济危机的部分原因正是一小撮富人控制着所在国家的大部分财富造成的。

中国模式的发展型国家理论似乎很适合非洲的情况，包括埃塞俄比亚在内的许多国家正在大量采用类似的概念。尽管不同国家从这些模式中汲取的经验教训可能会有所不同，但是都希望找到在特定环境下实际可行的发展道路。甚至，他们可能都不会声称将东亚或中国作为自身发展的样板。作为加强和深化非中关系战略的一部分，非中应该在多边层面进行更有意义的合作。非洲和中国应该制定一个战略，使中国可以参与非盟、非洲区域经济共同体经济发展中来，全面建立新伙伴关系（非洲发展新伙伴关系），竭力达成包含中国在内的非洲大陆经济圈，对所有非洲发展的利益相关者来说至关重要。最后要说明的是，考虑到中国和非洲都能从这种双边和多边关系的发展机遇中获益，这种伙伴关系的前景是稳健可靠的。

第七章　结论：总结和建议

总　结

在论文的结论部分，我将对本文所讨论的研究主题的显著特征作一个简要分析。在总结全文的同时，试图从个人的角度对非中关系、非中关系的问题、非中关系的社会影响和意义进行探讨，并在此基础上就中非关系提出了一些建议以展望未来。

如上所述，中国近些年在非洲所扮演的角色是 21 世纪中非关系最重要的问题之一，且这种关系也将对世界其他地区产生深远的影响。非中双方秉持共同的发展理念，具备互利共赢的合作基础，将有助于深化非中双方的战略合作伙伴关系。非中友谊源远流长，源于反殖反帝斗争中的患难与共，不是一朝一夕形成的，而是一步一个脚印走过来。历史表明，中国与非洲，尤其是东部沿海地区的贸易关系，早于欧洲。中国现在拥有 13 亿人口，是世界上最大的发展中国家，拥有 10.2 亿人口的非洲（54 个国家）则是发展中国家数量最多的大陆。1955 年冷战初期，在印度尼西亚举行的万隆会议被认为是中国和包括非洲在内的发展中国家最早建立战略联盟以抗衡西方国家的历史时刻。这是当代中国与非洲国家建立外交关系，提供经济、技术、政治和军事的帮助，支持非洲民族独立解放运动的开端。虽然只有六个非洲国家派代表出席了万隆会议：埃塞俄比亚、利比里亚、埃及、南非、利比亚和苏丹，仍旧对建立非中现代外交和政治关系产生重大影响。有史料记载，1949 年中华人民共和国成立后，先后有 10 万中国人定居在非洲东部海岸地区。20 世纪 60 年代，中国在政治、军事和经济上的支持对非洲民族解放运动非常重要，与中国建立外交关系的非洲国家数量也随着非洲解放独立运动而越来越多。20 世纪 70 年代初，中国援建 1800 公里长的坦赞铁路成为非中友好关系的最好的鉴证，与此同时，中国也为其他非洲国家的关键项目提供资金支持。

非洲作为一个绝望的大陆历经了几十年的沉寂，1990 年以后，随着新闻媒体对中国经济显著增长的大量报道，中国与非洲的紧密关系也频繁地成为媒体关注的焦点、学术界争相研究的热点问题、制定发展政策的依据和基础。但是，许多人对中国积极参与非洲建设的动机持怀疑态度，同时疑虑这对非洲发展的影响和意义。中非深度合作的伙伴关系对非洲而言，是一个发展机会，而一些批评者则认为这是一个新殖民主义现象，不是所谓的一种伙伴关系。为了回答以上的疑问，需要仔细分析非中关系背后的各种活动的真实状态。这时，研究所提供的理论框架在审视非中关系的优点和缺点方面就显得非常重要。在论文中以辩论的形式论证当代非洲的国际关系已经成为一个学术界普遍的研究范式，将中国在非洲大陆的行为置于理论框架下来思考国家在国际政治中的行为和表现显得尤为重要。在这方面，已有研究尝试探索中国对非政策背后的因素，并分析对非洲大陆可持续发展的影响。

考虑到一些评论家认为中国对非洲自然资源的主导和剥削行为形成了中国与非洲的殖民关系。有关学者已经在其著作就非洲后独立时期的新殖民主义进行了讨论，通过从政治、经济和文化的角度对地缘政治的实践进行了分析，将中国与非洲的关系置于同一个概念框架下进行比较分析，以便反映非中关系的本质。

将近些年来非中关系所发生的背景环境纳入到讨论范围至关重要，特别是 20 世纪 90 年代以后所发生的，可以帮助我们更好地理解哪些要素对中国和非洲的关系发展起着更关键的作用。如上所述，虽然非洲拥有丰富的自然资源，但仍面临发展挑战，这使得许多人迄今为止还在思考克服非洲大陆面临的发展困境的方法。尽管尝试了不同的战略和发展模式，但都以失败告终。其中许多因素被认为是非洲大多数国家所面临恶性发展问题的内部和外部的根本原因。本书对最主要问题进行了研究：即奴隶贸易的过程和后果，殖民统治和殖民主义的遗留问题，对非洲的政治和经济发展造成了巨大的损害，应该为非洲的发展现状负责。新殖民主义的伤痕遍布整个非洲大陆，给非洲人民带来了太多的伤害和苦难。独立后的非洲甚至都没有机会拥有政治的自主权和享受经济发展所带来的红利。相反，经济遭到破坏、资源被掠夺、人民被剥削、民族和谐被冲突所取代，这或许就是许多马克思主义理论家所谓的新殖民主义吧。

同时，绝大多数非洲领导人都认为自己在腐败、恶劣的治理、裙带关系、部落主义、专制主义等问题的解决过程中发挥了积极的作用，当然也不是所有人都这样认为。由于一系列内战，军事政变和政治动荡，加上干旱、饥荒和难民流离失所，非洲经济发展进一步受阻。本书对以上问题的分析，也完全是基于最真实可靠的材料和数据。

另一方面，20 世纪 70 年代和 80 年代的结构性失衡和发展失败迫使许多非洲国家接受国际货币基金组织 – 世界银行引发的结构调整计划。正如前文所述，由于所有用于非洲发展的补助金和贷款的使用都必须严格遵守该计划的附加条件，这导致了严重的经济问题。此外，以自由化、竞争和新自由主义自由市场经济政策为特征的全球化破坏了非洲脆弱的经济，为非洲大陆的持续发展带来了大量的挑战和压力。

然而，继冷战结束进入 21 世纪以后一系列国际形势的变化给非洲和其他发展中的经济体带来了有利的局面。新的变革风潮引发了人们在发展、环境、和平与安全等问题上进行全球合作的新思维范式。因此，非洲利用这一契机，获得了来自西方、东方和国际组织的支持，促进了自身的发展及地区冲突的解决。受到这些充满活力事件的启发，2002 年自发的形成了《非洲发展新伙伴计划》。新伙伴关系以促进非洲的复兴为目标，旨在通过专属于非洲的和驱动非洲发展的议程，加强非洲大陆对发展伙伴的讨价还价能力。对于非洲大陆而言，2002 年所成立的，以促进非洲政治和经济一体化进程，创造和平、安全与发展，加强非洲国际伙伴关系的非盟可以说是其历史上的一项重要举措。

与此同时，中国作为重要的全球政治和经济大国重新登上了历史舞台。然而，随着中国和非洲逐渐成为密切的合作伙伴，不断有人提出质疑，这种关系对非洲今后的持续发展是否会产生不利的影响。1979年邓小平领导下的改革开放，标志着中国由传统的农业国家向现代化的工业化国家开始转型，也正是从那以后，中国经济以惊人的速度向前发展。

冷战结束着实为非中关系的发展迎来了契机，无论是非洲还是中国，都成为各自发展道路上不可或缺的伙伴。非中经贸合作发展迅速，经济合作多元化，在国际舞台上相互支持公正的政治经济秩序。中国从1979年开始实行“开放政策”，全面实行经济改革，把社会和经济发展放在国家发展战略的中心位置，意识形态斗争逐渐退去。1991年中国的“走出去”战略旨在开拓外部市场和资源，则将非中合作关系带入了新的时代。在此期间，非洲成为中国“走出去”战略最主要的目标地区之一，中国充分参与到非洲的经济建设。相比而言，非洲不再留恋冷战时期意识形态斗争，变得更加务实，竭力实现社会经济发展和消除贫困，非洲经济也于90年代中期开始呈现出持续的增长态势。随着时间的推移和合作的不断深入，非中关系进入了相得益彰的决定性阶段，对双方的发展都产生着重大影响。

除了冷战后形成的有利局面之外，非洲的一些其他事件成为其变革的重要推手，如：有远见的非洲国家领导人；非洲的经济改革；以及20世纪90年代末，逐渐减少的地区冲突。崛起的中国，不仅为非洲发展提供了思路，也被视为西方国家以外重要投资来源国。正如前文中所分析的那样，所有这些都有助于解决非洲大陆发展所面临的挑战。

许多人认为中国在非洲的主要动机是获取非洲的资源，挑战美国的全球领导地位。然而，这样的观点忽略了几个关键之处。从中国的角度来看，非洲被认为是其发展和提升全球影响力的重要合作伙伴。众所周知，基于历史教训和现有的政治、外交、经济和文化背景，中国敏感地意识到非洲在全球政治席位中的地缘政治战略的重要性。历史参数告诉我们，无论是过去还是现在，非洲一直是大国博弈中争相拉拢的对象。非洲对于中国而言，能为其蓬勃发展的经济提供必要的自然资源、潜力巨大的市场、可利用的廉价生产力和劳动力，都对支持和增加中国成就全球影响力起到重要作用，这些都可以被认为是中国参与到非洲建设和发展的重要因素。

20 世纪 90 年代中期以后的这几十年，被认为是中非关系继传统友谊基础上进一步升级发展的关键时期，特别是经济和政治上的合作，呈现出新的特点。如上所述，首先是加强双方高层互访，加强政治和外交关系，以建立信任和信心。第二，双边贸易关系突飞猛进，短短十多年时间，中非贸易总额就达到 1700 亿美元左右。第三，经济合作形式多样化。除传统援助外，中国开始提供各种优惠贷款，积极参与非洲基础设施项目的合同招标。与此同时，中国政府大力鼓励中国企业到非洲投资，并鼓励其银行为在非投资提供低息贷款，中国在非洲各个经济领域的直接投资显著增加。第四，非洲国家对“一个中国政策”比以前更加支持，也对中国在台湾问题上的立场和国家利益表示支持。第五，非洲和中国在多边层面紧密合作，互相支持。第六，非洲和中国于 2000 年建立了促进共同发展的中非合作论坛，也表明了双方希望进一步推进中非关系的决心。此后，中非合作论坛已成为促进双方多层面合作的重要手段，同时也是双方政治和商业精英之间沟通的重要桥梁。通过中非合作论坛这一平台，每三年举行一次部级和其他高级官员会议，中国将提供新的措施和双倍于之前的援助以支持非洲的发展，其中包括：扩大出口贸易，取消对非的部分债务，为非洲敞开市场并提供零关税待遇，增加一倍的补助金以资助项目，提供低息贷款以资助基础设施项目和其他投资，鼓励中国企业投资非洲，向非洲学生提供奖学金，向非洲派遣中国农业和医学专家，并在非洲开展维和行动。除此之外，中国政府还协助非盟进行能力建设、体制建设以及和平建设。第七，随着中国模式越来越多地被许多非洲国家所熟悉，非洲国家受到中国经济发展所取得的巨大成就的鼓舞，并表现出了极大的兴趣。

本书以埃塞俄比亚为研究案例，基于埃塞尔比亚的发展现状和中国对其经济发展产生的影响来分析埃中关系的特质。根据上文我们可知，埃塞俄比亚并不以其石油或其他战略矿物等资源被外人熟知，相反，它是一个传统的农业经济国家。然而，中国却认为埃塞俄比亚是非洲大陆最重要的战略地区之一，这与那些批评者声称中国在非洲的主要动机是由寻求石油等自然资源的结论大相径庭。埃塞俄比亚作为非洲大陆最古老的文明之一，拥有发展的众多关键要素：丰富的自然资源；毗邻中东和欧洲，是非洲之角的战略要地；非洲第二人口大国，人口超过 8200 万；蕴藏着丰富的水力和灌溉资源；非洲外交之邦，非盟总部和联合国非洲经济委员会均坐落于此；适宜的气候和肥沃的耕地，以及大量掌握农业技术的人员，这些对于埃塞俄比亚的政治和经济的发展具有重要意义。

尽管埃塞俄比亚具有巨大的增长潜力，但它仍然是非洲最贫穷的国家之一。悠久的历史，顽强不屈的独立精神，丰富而独特的多元文化似乎已被人们遗忘在记忆的角落里，取而代之的则是反复的干旱、饥荒，糟糕的领导和专政所引发的各类冲突。直到1991年之后，即新一届政府寻求和中国深化战略合作伙伴关系阶段，政府的变革为国家转型带来新的发展蓝图和战略思考，该国的政治和经济形势发生了巨大变化。对于一个刚刚走上大规模经济和社会发展计划道路的埃塞俄比亚来说，此时与中国的深入合作无疑是十分正确的选择。

2003年，埃塞俄比亚主办了第二届中非合作论坛，考虑到埃塞俄比亚在中非关系框架中的重要性，我们将中埃关系的发展作为案例加以分析，探讨继2000年中非合作论坛之后，两国良好的政治和外交关系为双方建立紧密的经济关系提供了有利的条件。

埃中在经济关系领域的合作为构建非中友好关系提供了学习的样式。两国签署了一系列经济技术合作协议，埃塞俄比亚认为，中国的资本和市场能够很好地满足自己对于外资的急切需求并帮助其解决商品出口问题。与时常附加条件的西方援助相比，中国所提供的合作模式对埃塞俄比亚更有吸引力。截至目前，埃塞尔比亚从中国得到了大量的无偿援助、贷款、债务免除和信贷服务；享受其出口物品的零关税待遇；并在其帮助下建立了制造业特别经济区和基础设施建设；人力资源开发；以及获得其他形式的支持。

包括埃塞俄比亚政府官员在内的许多发展专家都认为，埃塞俄比亚从中国的参与中受益颇多，最直接的体现便是自 2003 年以来埃塞尔比亚经济持续的高速增长。如前文所述，多项证据和成果都表明，中国对埃塞尔比亚发展的贡献，在其构筑发展架构方面起到了决定性的作用。获取来自中国的高科技和专有技术；就业的增加；生产规模的不断扩大；多样化的出口以增加外汇，特别在电力供应、制造业、电信服务和农业的基础设施建设，是推动埃塞俄比亚经济发展的关键工程，让埃塞俄比亚坚信中国的投资能够帮助其摆脱发展中面临的挑战以及恶性循环。许多人都认为，非洲经济发展缓慢的原因是其重要发展领域长期缺乏有力的投资，对非洲而言，比缺少资金更重要的挑战的是如何通过制定重点和战略性的发展规划以推动发展。因此，具有前瞻性的政府领导，高效和强有力的制度，明确的政策指导方针和财务纪律，正确的使用人力资源，大力发展科学技术，建设完善的基础设施，确保政治稳定和社会安全的中国发展模式是非洲国家需要学习的。

无论是从非中关系的总体视角，还是基于埃中关系的特例研究视角，我们都能轻易地得出结论，即中国参与非洲建设的动机是基于伙伴关系，而不是一些批评家所谓的新殖民主义。自 1990 年开始，在政治和经济上处于崩溃边缘的埃塞俄比亚却成为当今世界上经济发展最快的国家之一就是最好的证明。正如前文基于理论的分析框架所阐述的，中国对于埃塞尔比亚的经济发展建设的贡献的重要性，这一点毋庸置疑，所以将中国视为新殖民主义国家显然是不合理的。中国对于非洲国家的政策扶持以及其在参与非洲事务中的表现，都是中国与非洲合作的真相的具体证据。同时，我们应该意识到国际社会对中国到来的以下担忧是不合理的，如保护人权、政治自由和环境保护等方面，西方国家很大程度上是担心在非洲的利益被侵蚀。

因此，国际社会应该允许非洲这一世界上最贫穷的地区不受外来干涉地推行自己的政策。贫穷是人类发展的首要敌人，根据国际法的一般原则也有义务支持非洲国家与贫困做斗争。

随着冷战的结束，现在的国际社会是一个拥有多个参与者的多极体系。我们需要将非中关系置于这种新的形势下加以理解。我们不再需要单方面的统治，而是需要在全球范围内建立合作关系，以寻求更多的共同利益和处理诸如和平与安全、发展、善政、人身安全、恐怖主义和环境保护问题等共同问题。为了使国际社会更加安全和幸福，互利共赢的非中关系或许是当前国际众多社会问题的解决良方，亦是所有国家应该模仿和实施的新的全球秩序。还应该强调的是，随着非洲正在政治上和经济上发展，以及其巨大的发展潜力，非洲将成为世界舞台上的重要角色。

建　议

正如前几章对于这篇论文主题的分析那样，无论是非中关系，还是埃中关系，都是建立在伙伴关系和共同利益基础之上的。然而，针对中国参与非洲的发展建设，我们也应该充分认识来自西方国家和一些慈善组织的关注和批评。同时为了确保非中关系继续健康地发展，我们需要对经济关系过程中存在挑战的各个方面加以关注。正因为如此，我认为以下建议是必要的。

1. 中国需要加强双边和多边合作，继续保持与非洲的多方面的合作。并通过联合国、国际货币基金组织和世界银行等国际机构，构建明确的对非洲政策目标，以统一其对非的发展政策。

2. 中国应该通过双边或多边的渠道，加强与其他慈善机构就如何共同支持非洲的发展充分交流和交换意见，以减少其在中国对非洲政策动机上的误会，同时缓解中国与西方国家日趋紧张的竞争态势，特别是在非洲开采矿产资源方面。

3. 传统的慈善机构也应该明确地意识到当前的国际秩序是建立在各国通力合作的基础之上的。人类只有一个地球，各国共处一个世界，只要这个地球上还有地区处于贫苦困境的边缘，任何国家、地区或种族都有责任和义务提供帮助。因此，是时候把中国视为构建全球经济治理秩序的重要参与者了。同时，为了确保中国在非洲发挥积极的影响，有必要对其提供的各类援助的有效性进行审查。

4. 中国还应与积极参与非洲建设发展的其他新兴国家，如印度、巴西、南非、韩国和土耳其进行沟通交流。这对于增进彼此间的相互信任，共同推进非洲发展议程十分重要。

5. 中国的援助计划还需要与其他援助机构合作，以便尽可能以最有效的方式利用资源从而实现非洲利益的最大化，例如防治艾滋病和控制疟疾以及其他疾病。（Anshan, Li（2007）

6. 为了解决中国在非洲的商务及援助实践的一些消极影响，非洲各国政府应该制定相关政策和准入机制，以解决国内贸易、环保与劳工标准方面的问题。

7. 中国应该静下心来，对其在非洲的投资建设和经贸往来中出现的问题进行客观的评估和深入的思考。对非洲当地群众抱怨的中国倾销和一些产品质量低下的问题；不雇用当地专业人员和工人的问题；缺乏对本地员工提供必要的训练的问题；工作环境条件差的问题；忽视环境保护责任的问题。这可能会引发民族关系紧张和社会动荡，并可能损害中非关系的声誉，并对未来的关系构成重大挑战。

8. 中国和非洲国家在善政、尊重人权和社会保障等指导性的发展原则方面加强联系也很重要。

9. 由于当前中国在非洲的投资主要集中在采掘业和基础设施项目领域，非洲国家和中国也应该注重他们在农业、教育和卫生服务领域的合作发展，这对非洲社会生活条件的改善和人力资源的开发至关重要。

10. 中国应该在扩大非洲经济特区和工业区数量规模方面与非洲国家密切合作，以帮助其实现建设轻工业、发展多元化经济，创造更多的就业机会；通过专利与技术的转移；提高当地产能；扩大出口加工和进口替代贸易额；增加外汇收入的目标。

11. 毫无疑问，尽管遇到了一些挑战，中国在非洲的贸易、投资和基础设施援建所提供的大量机会以及对其经济结构的重塑，显著地增加了当地生产者和消费者的利益。然而，非洲领导人不能就此止步，应该就如何缩小非中技术差距和改变非中不对称贸易格局，如何吸引更多的来自中国的投资等在内的议题，通过非盟和地区经济共同体整合地区和整个非洲大陆的战略，制定和出台连贯一致的国家政策，从更加系统，更加深入，更加长远

角度与中国接触。(Cheru and Obi，2011)

12. 目前中国对非洲政策还只停留在针对个别的非洲国家的双边合作，缺乏基于非盟与中国的多边合作政策。尽管中国与非盟在机构能力建设、和平与安全等领域有着良好的合作关系，但依旧没有一套系统的政策框架来引导非中关系走向新的高度。

13. 在东西方战略伙伴关系的问题上，非洲应该有意识的平衡与两者间的关系，以确保其在国际关系中的独立性。

尽管发现了一些未来需要注意的问题，但是不得不承认，机会要远远大于挑战。来自中国的强大购买力，稳定的出口市场，与日俱增的投资和贸易，友好的政治关系，无疑为非洲经济的发展提供了巨大的机遇。因此，对非洲而言，确保这种合作共赢的关系持续长久，便是对自身利益最大的保障。

个人观点：地方、国家和国际

中非关系在冷战结束后取得突破性的发展。中非友谊源远流长，基础坚实，即使在困难时期，双方也从未质疑过对方或是表现出不友好的行为。中国始终把非洲人民视为最友好、最真诚的朋友，双方也有着共同的特点，如同属于发展中国家，深受殖民主义的伤害，被边缘化；面临同样的发展挑战，相当一部分人口依旧生活在水深火热之中；国家安全受到威胁等。

非中关系近些年取得巨大的进步是历史友好关系的延续。中国和非洲有着共同的利益基础和合作空间，中国需要非洲丰富的自然资源、极具潜力的市场以支持其经济的持续发展。中国视非洲是重要的合作伙伴和信任的朋友，非洲也在国际舞台上予以中国更多的支持。由于非洲长期遭受剥削和边缘化，曾一度被视为绝望的大陆，中国的到来无疑为双边和多边渠道的发展议程和政治支持带来可能。关于中国对非的政策目标，我们已经进行过深入的阐述和论证，它完全是以基于支持非洲的发展和实现非中的共同利益而制定的。

一般而言，从地方、国家和国际三个层面就中国对非洲发展贡献进行简要的分析，以探讨研究结果对整个非洲大陆适用性是极其必要的。如今，任何地方、国家和国际层面的经济活动都被高度的整合到全球化的体系之中，无论是贸易和服务，或是商品和财富，就连观点、想法也在迅速的跨越国界。全球化将深刻地影响着每一个生活在地球上的人，这已经是一个不争的事实。

从地方一级说起，比如在埃塞俄比亚－中国的案例研究中，就有一个非常好的例子证明了中国在埃塞俄比亚地方一级发展中所起的作用。其中，我主要考察的是埃塞俄比亚的首都、非盟总部所在地以及众多区域和国际组织的中心——亚的斯亚贝巴市，刚刚庆祝完建市 125 周年。据统计，该市有大约 400 万人口。亚的斯亚贝巴市是一座既有深厚历史底蕴，又具时代精神的现代化都市，一度被许多评论家称之为当前非洲发展最快的现代化城市之一。亚的斯亚贝巴的现代化和重建进程使得整个城市焕然一新，可以说是在非洲大陆上中国参与建设效果最为显著的城市之一。在方方面面都体现得淋漓尽致，公路和铁路、通信设施、建筑、桥梁、水利工程的建设；工厂、汽车装配的发展，卫生设施的完善，随处可见的中国商品、中国美食以及其他的服务。

事实上，中国的投资活动远不仅仅是亚的斯亚贝巴这一座城市，在埃塞俄比亚的多个地区都是如此。尽管这座城市有着悠久的历史，但近些年的发展始终面临多重困境。我想，没有什么能比亚的斯亚贝巴城市发展所取得的成绩更好地解释中国在非洲的动机了。许多人都惊叹，亚的斯亚贝巴是如何在十年不到的时间里取得如此大的成绩。然而，我们也不应该忘记，亚的斯亚贝巴作为一个现代都市的巨大变化是过去十年埃塞俄比亚整体经济持续发展的产物。政府、地方和联邦在这方面的大规模投资计划具有决定性的作用。

从国家层面上讲，亚的斯亚贝巴所取得的发展在埃塞俄比亚的许多地方都在上演。联邦和地方政府都极度重视地区的发展，在国家发展战略政策和增长与转型计划中，尤其关注基础设施项目的建设，农业和制造业的发展。并以此为基准，对公路、铁路、电力供应、电信服务、机场、技术机构和卫生服务进行升级和扩张，特别是以往部分基础设施缺乏的地区。

中国政府及其公司对此类活动的支持至关重要。其提供的支持涵盖直接投资、无偿捐助、低息贷款和项目合同等多个方面。埃塞俄比亚道路数量非常有限，电力供应不足，干净的饮用水缺乏和电信服务范围狭小，当前有关键行业的多个大型工程项目在建，被认为是少有几个能够实现 2015 年的非洲千年发展目标的非洲国家之一。中国在埃塞尔比亚这些活动完全是基于双方的传统友谊和伙伴关系，对于埃塞尔比亚这样非石油出产国，那些声称中国只是为了获取非洲的自然资源的言论显然有些蠡酌管窥了。

还应该指出的是，中国的发展模式和经验对埃塞尔比亚经济发展起到了启发作用。还有就是埃方应该注重国家与地区的均衡发展，以确保各项投资活动对环境的影响得到考量。

国际层面，中国的可持续发展有利于世界的繁荣和全球经济金融形势的稳定。2008 年全球金融和经济危机以来，中国已经注入了数万亿美元以支持欧洲国家经济的发展，避免进一步恶化。毫无疑问，随着其海外贸易、投资和金融业务的进一步扩大，中国对于维护世界经济稳定起着更加重要的作用。此外，它所参与的包括非洲在内的发展中国家的经济发展建设，必将成为世界经济发展新的增长极。

尽管当前世界仍处于经济危机之中，但我们也要认识到中国和印度的经济发展对于进口，特别是对铜、石油和其他自然资源增长的巨大需求，将使得非洲国家能以更高的价格扩大其出口。因此，包括印度、俄罗斯、巴西和中国这些新兴经济体经济增长的持续与否，无论是对其本国，还是世界经济都是一个重要的安全因素。

最后，随着新的国际秩序的建立，冷战的政治意识斗争应该被彻底的抛弃，发展和维护互利合作新型国际关系将成为所有国家的必然选择，从这个角度来看，非中伙伴关系也将继续作为促进共同发展和福祉的典范。

参考文献

Adedeji, Adebayo (2002). "From the Lagos Plan of Action to the New Partnership for African Development and from the Final Act of Lagos to the Constitutive Act: Weather Africa?", *A Key Note Address Presented at the African Forum for Envisioning Held in Nairobi.* Kenya, April 2002.

Adebayo, Adekey (2008). "An Axis of Evil? China, the United States and France in Africa", in Ampiah and Naidu (eds.), *Crouching Tiger, Hidden Dragon: Africa and China. South Africa.* University of Kwazulu-Natal Press, pp227–258.

African Development Bank. *5th African Economic Congress Report on African Economy.* Gammarth, Tunisia, Oct. 27–29, 2010.

UN Information Department: Africa Recovery. New York, 2002.

African Union (2006). "Study on an African Union Government: Towards the United States of Africa". Addis Ababa.

Agubuzu, L (2004). "Regional Economic Integration: A Development Paradigm for Africa", in B. Onimode (eds.), *African Development and Governance Strategies in the 21st Century.* London and Nigeria: Zed Books and ACDSEE.

Akokpari, J.K (2001). "Globalization and the Challenges for the African State". *Nordic Journal of African Studies*, 10, 2, pp188–2009.

Akokpari, J.K (2001). "The Debt Crisis, the Global Economy and the Challenges of Development: Sub-Saharan Africa at the Crossroads", *Journal of Social Development in Africa*, 16, 2, pp147–169.

Akopari, J.K (1999). "Changing with the Tide: the Shifting Orientations of Foreign Policies in Sub-Saharan Africa", *Nordic Journal of African Studies*, pp22–39.

Alemazung, J. Asongazoh (2010). "Post-colonialism: An Analysis of International Factors and Actors Marring African Socio-Economic and Political Development", *The Journal of Pan-African Studies*, vol. 3, no.10, Sept. 2010, pp64–65.

Amoo. Sam G (1997). "The Challenges of Ethnicity and Conflicts in Africa: The need for a new paradigm", *Emergency Response Division*, New York: UNDP.

Ankomah, Baffour (1992). "With Friends Like these". *New African*. London, March 1992, p14.

Anshan, Li (2007). "China's Engagement in Africa: Singular Interest or for Mutual Benefit?", *Paper Presented at Expert Round Table Meeting, Resource Governance in Africa in the 21st Century,* March 26–28.

Anyang', Nyongo' O (1990). "Regional Integration in Africa:

Unfinished Agenda". Nairobi: Academy of Science.

Arrighi, Giovanni and Zhang J. (2011). "Beyond the Washington Consensus: A new Bandung?", in J. Shefner and P. Fernandez-Kelly (eds.), *Globalization and Beyond: Alternative Disciplinary Perspectives in the Study of Global Trade and Development.* USA: Penn State University Press.

Aschcroft, Bill, Garett Griffiths, and Helen Tiffini (1998). *Key Concepts in Post-Colonial Studies.* London and New York: Routledge.

AU/UNECA. Issue Paper. "Governing Development in Africa: The Role of the State in Economic Transformation", *Presented to the Ministerial Meeting.* Addis Ababa, March 22, 2011.

Awoonor, K. N (1994). *Africa: the Marginalized Continent.* Accra: Woeli Publishing Services.

Ayittey, G (1998). *Africa in Chaos.* New York: St. Martin's Press, p10.

Baah, Anthony (2003). "History of African Development Initiatives". *Africa Labor Research Network Workshop.* Johannesburg, May 22–23, 2003, p5.

Berger, Bernt (2006). "China's Engagement in Africa: Can the EU Sit Back?", *South African Journal of International Affairs*, 13:1, pp129–138.

Blum, S (2003). "Chinese Views of US Hegemony", *Journal of Contemporary China*, vol. 40, no. 1, pp226–231.

Bondenheimer, Sussane (2008). "Latin American Experience

of Dependency", in *Vinvent Ferraro,* "Dependency Theory: An Introduction", in *The Development Economics Reader* (ed.), Giorgio Secondi. London: Routledge, 2008.

Brautigam, D (1998). *Chinese Aid and African Development: Exporting the Green Revolution.* New York: St. Martin's Press.

Broadman, Harry (2007). *Africa's Silk Road: China and India New Economic Frontier.* Washington: World Bank.

Busan, B (1983). *People, States and Fear: the National Security Problem in International Relations.* Sussex: Wheet Sheaf Books.

Callaghy, J.M (1991). "Africa and the World Economy: Caught Between a Rock and a Hard Place", in John W. Harbeson and Donald Rothchild (eds.), *Africa in World Politics*. Boulder: Westview Press.

Campbell, H (2008). "China in Africa: Challenging US Global Hegemony". *Third World Quarterly*, vol. 29, no. 1, p90.

Capital Dragon Index, 2011, Full Year, available at http://www.acapital.hk/ dragon

Capital Dragon Index, 2012 Q1, available at http://www.acapital.hk/ dragonindex/

Cheru, Fantu and Obi, Cyril (2010b). *The Rise of China and India in Africa: Challenges and Opportunities and Critical Investigation.* Uppsala, Sweden: Nordic African Institute.

-------------------- (2010a). *De-Coding China-Africa Relations: Partnership for Development or (Neo) Colonialism by Invitation?* Uppsala, Sweden: Nordic Africa Institute.

Cheru, Fantu (1989). *The Silent Revolution in Africa: Debt, Development and Democracy.* London: Zed Books.

Cheru, Fantu (2002). *African Renaissance: Roadmaps to the Challenges of Globalization.* London: Zed Books.

"China's Special Economic Zones in Africa", in *Journal of Modern African Studies*, vol. 49, no. 1, March 2011, p27.

Clapham, C(1996). *Africa in the International System: the Politics of State Survival.* Cambridge: Cambridge University Press.

Davis, Glenn(2007). "Comment: Dangers at Sea", *Foreign Affairs,* Sept.–Oct. 2007.

FOCAC: Declaration on China-Africa Cooperation. Beijing, Oct. 2000.

Desta, Asayehgn (2009). *Chinese Investments in Ethiopia: Development Opportunity or Deepening China's New Mercantilism?* USA: Dominican University of California.

Dos Santos, Theotonio (1971)."The Structure of Dependence", in K.T. Fann and Donald C. Hodges (eds.), *Readings in US Imperialism.* Boston: Peter Sargent, p226.

Easterly, W. and Levine, R(1997). "Africa's Growth Tragedy: Policies and Ethnic Divisions", *The Quarterly Journal of Economics*, vol.112, no. 4, pp1203–1250.

Economic Commission for Africa-UNECA (1989). Alternatives to Structural Adjustment Programs: A Framework for Transformation and Recovery. Addis Ababa.

Edigheji, Omano (2004). The African State and Socio-Economic Development: An International Perspective. *African Journal of Science.* vol. 9, no. 1, June 2004.

----------(2005). A Democratic Developmental State in Africa. *Research Paper.* Johannesburg: South Africa: Center for Policy Study.

Ellis, R.E (2005). *U.S. National Security Implications of Chinese Involvement in Latin America.* Carlisle, PA: Strategic Studies Institute, US Army War College.

Ethiopian Central Statistics Office (2006): Report on Ethiopian Economy.

Ethiopian Ministry of Trade and Industry on Ethiopian Exports Data, 2005/2006.

Ferraro, Vincent (2008). "Dependency Theory: An Introduction", in *The Development Economics Reader* (eds.), Giorgio Secondi. London: Routledge, pp58–64.

FDI Flow to China: China 2011 Statistical Year Book.

FDI Flow to China: Chinese Ministry of Commerce 2011.

Forum for China-Africa Cooperation (FOCAC): Declaration of the 5th Ministerial Conference on China-Africa Cooperation. Beijing, July 20, 2012.

Frank, Andre Gunder (1979). *Dependent Accumulation and Underdevelopment.* New York: Monthly Review Press.

Gamora, Gedion (2009). *Ethiopia and China Political and Economic Relations: Challenges and Perspectives after 1991.* Addis

Ababa: UN Economic Commission for Africa.

Gaya, Adama (2008). "China in Africa: the Dawn of An Existing Era", in the Bulletin of Fridays of the Commission of the African Union, vol.1, no.2, p8. Addis Ababa.

Gessese, Y and Tang, Xiaoyang (2012). *An Overview of Chinese Agricultural and Rural Engagement in Ethiopia.* Discussion Paper Presented, International Food Policy Research Institute.

Golan, Galia and Gal, Adir (2009). "Globalization and the Transformation of Conflicts", in *Moving from Violence to Sustainable Peace*. London and New Yoirk: Routledge, p123.

Gratius, Susanne (2008). *Brazil-EU Strategic Partnership: Its Consequence on Bilateral, Regional and Global.* Rio de Janeiro: Konrad Adenauor Foundation.

Grevi, Giovanni (2010). *Making EU Strategic Partnership Effective.* Working Paper, no.105, Dec. 2010.

Guest, R (2004). *The Shackled Continent: Africa's Past, Present and Future.* London: Macmillan, p11.

Guoli, Liu (2006). "The Dialectic Relationship Between Peaceful Development and China's Deep Reform", in *Guo Sujian, China's Peaceful Rise in the 21st Century: Domestic and International Conditions.* Aldershot, U.K: Ashgate, pp17–38.

Hanson, S (2008). "China, African Oil", *Council on Foreign Relations.* Washington DC.

Heleta, Savo (2007). *African Stagnation and Underdevelopment.*

Port Elizabet, S.Africa: Nelson Mandela Metropolitan University, p2.

Hongu, Liu (2009). "Fifty Years of Sino-African Relations: Background, Progress and Significance". China: Yunnan University Press.

IMF (1992). International Capital Markets: Development, Prospects and Policy Issues. Washington DC.

International Energy Agency: 2011 World Energy Outlook, Sept. and Nov., 2011.

"Africa-China relations", *International Policy Digestion*, Dec.6, 2011.

Johnson,C (1995). "Political Institutions and Economic Performance: the Government-Business Relationship in Japan, S. Korea and Taiwan", in F. Deyo (eds.), *The Political Economy of the New Asian Industrialization*. Ithaia, NY: Cornell University Press.

Kiggundu, M.N (2008). "A profile of China's Outward Foreign Direct Investment to Africa", *Proceedings of African Society of Business and Behavioral Sciences,* vol.15, no.1, pp130–144.

Kraus, John (1994). "The Political Economy of African Foreign Policies: Marginality, and Dependence, Realism and Choice", in Timothy Shaw and Julius Okolo (eds.), *The Foreign Policies of ECOWAS (Economic Community for West African States)*. London: Macmillan.

L. Rieffel (2007). "Why Bad Loans are Good for Africa?", *The Globalist*, 13 February.

Leggett, Karby (2005). "Staking a Claim: China Flexes Economic Muscles Throughout Burgeoning Africa", *The Wall Street Journal*, March 29, 2005.

Lessa, Antonio, Carlos (2010). "Brazil's Strategic Partnerships: An Assessment of the Lula Era (2003–2010)" , *Revista Brasileira de Political International*, no.53 (Special Edition), pp115-131.

Lubeck, P (1992). "The Crisis of African Development: Conflicting Interpretations and Resolution", *Annual Review of Sociology,* vol. 18, pp519-540.

Mabogunje, A (2000). "Institutional Participation, the State and the Development Process in Africa", *Proceeding of the National Academy of Sciences of the USA*, vol.97, no.25, pp14007-14014.

Maddison, Angus (2007). The Organization of Economic Cooperation and Development: China Economic Performance in the Long Plan.

M. Glosny (2006). "Meeting the Development Challenges in the 21st Century : American and Chinese Perspectives on Foreign Aid", China Policy Series, Policy Brief 21, National Committee on United States-China Relations.

Makgotho, S (2002). "Beyond the African Union", *Inside Africa*, no.4, August 2002.

Martin, B (1985). "The Historical, Economic and Political Bases of France's African Policy", *The Journal of Modern African Studies*, vol.23, no.2, pp189–208.

Martin, Michael F (2011). "China's Sovereign Wealth Fund", in *Congressional Research Report*, June 26, 2011.

Mbeki, M (2005). *Under-development in Sub-Saharan Africa: the Role of the Private Sector and Political Elites.* Cato Institute, pp1–10.

Melville, C and Owen, O (2005). *China and Africa: A new Era of South-South Cooperation,* available at http://www.opendemocracy.net

Meredith, Martin (2005). *The State of Africa: A History of Fifty Years of Independence.* New York and London: Free Press.

------------- (1984). *The First Dance of Freedom: Black Africa in the Post War Era.* Hamilton Ltd, London, 1984, p177.

Morrison, Wayne M (2012). *China's Economic Conditions. Congressional Research Services.* Washington DC, June 26, 2012.

Moss, Todd and Rose, Sarah (March, 2007). "China's Export-Import Bank and Africa: New Lending, New Challenges", *Center for Global Development.* Washington DC.

Moyo, S and Tevera, D (2205). "Regional Environmental Security in Southern Africa", in David Tevera and Sam Moyo (eds.), *Environmental Security in Southern Africa*. Harare: SAPES Books, p5.

Mwaura, Ndivangu (2005). *Kenya Today: Breaking the Yoke of Colonialism in Africa.* USA: Algora Publishing.

Naidu, S and Davies, M (2006). "China Fuels its Future with Africa's Riches", *South African Journal of International Affairs*, vol. 13, no. 2, pp69–83.

Ndubisi, Obiorah (Dec.2006). “Who is Afraid of China in Africa?”, *Pambazuka News Online*, Dec.14.

Nkrumah, Kuwame (1963). *Africa Must Unite.* London: Pall Mall Press.

Nkruma, Kwame (1975). “Redefinition of Neocolonialism”, *Readings in African Political Thought*, edited by Mutiso, Gideon-Cyrus and S.W. Rohio. London: Heinemann, pp415–418.

Nnadozie E and Elhiraika A (2005). *Capital Flows to Africa: Recent Evidence and Implications for Current Account Sustainability.* UN Economic Commission for Africa, available at http://www.uneca.org/espd.

Nnoli, Okwudiba (2000). *Ethnic Conflicts in Africa.* Senegal: Codesria.

Nuget, Paul (2004). *Africa since Independence: A Comparative History.* New York: Palgrave, Macmillan.

Organization of African Unity (OAU) (1980). *Lagos Plan of Action for Economic Development of Africa: 1980-2000.* Addis Ababa: OAU Secretariat.

Obiorah, N (2007). *“Who is Afraid of China?”,* in F. Manji and S. Marks (eds.), *African Perspectives on China in Africa.* Cape Town, South Africa: Fahamu, pp35–56.

Pehnett, Gernot and Abel, Martin (2007). *China's Development Policy in Africa.* Pretoria: South Africa Institute of International Affairs.

People's Daily, "Chinese Overseas Edition on China's Soft Power in Africa", April 7, 2007.

Pere, Garth L (2007). *China in Africa: Mercantilist, Predator, or Partner in Development?* Midrand, S. Africa: Institute for Global Dialogue.

Prebisch, R (1964). *Towards a New Trade Policy for Development.* New York: UN.

Racheed, S (1996). *Development, Participation, and Democracy in Africa.* African Institute of South Africa and Foundation for Global Dialogue, p2.

Ross, Robert (1993). *China, the United States, and the Soviet Union: Tripolarity and Policy-making in the Cold War.* New York, pp11–66.

Sandbrook, R (1985). *The Politics of Africa's Economic Stagnation.* Cambridge: Cambridge University Press, p42.

Schwab, P (2001). *Africa: A Continent Self-Destructs.* New York: Palgrave, p6.

Schiere, Richard, Leonce, Ndikumana and Walkenhorst, Peter (eds.) (2011). *Introductory Remarks on China and Africa: An Emerging Partnership.* Tunis: African Development Bank.

Shaw, T.M (1989). "The Revival of Regionalism: Cure for Crisis or Prescription for Conflict?", in Ralph I. Onwuka and Timothy M. Shaw (eds.), *Africa in World Politics: Into the 1990s*. London: Macmillan.

Shan, Liu and Jundu, Xue (1998). *New Analysis of Chinese Foreign Affairs*. Beijing: World Affairs Press.

Shillington, Kevin (1989). *History of Africa (Revised Edition)*. New York: St. Martin's Press.

Shinn, David (2011). *"China-Africa Relations: the Big Picture"*, in *International Policy Digest*, Dec.6, available at http://www.internationalpolicydigest.co.

Stewart, F (1991). *"Are Structural Adjustment Policies in Africa consistent with Long-run Development Needs?", Development Policy Review*, 9,4, pp416–427.

Stiglitz, J. E (2002). *Globalization and its Discontents.* Penguin Group.

Strange, S (1991). *"An Eclectic Approach",* in C.N. Murphy and R. Tooze (eds.).

Boulder, Lynne Rienner, *The New International Political Economy.*

Taylor, Tan (2010). *China's New Role in Africa.* Boulder, Colorado: Lynne Rienner Publishers, Inc., p63.

Ubomba-Jaswa, F (2002). "NEPAD: Prospects and Challenges". *Briefing Paper*. Johannesburg, S. Africa.

UNCTAD: Global Investment Trade Monitor, April 12, 2012.

UNCTAD: Economic Development in Africa 2009: Strengthening Regional Economic Integration for Africa's Development. Geneva: United Nations.

Vahle, Marius (2001). "Partnership", in *The Routledge Encyclopedia of Political Economy.*

Wallerstein, Immanuel (1999). "World System Theory", in *The Globalization of World Politics: An Introduction to International Relations* by John Baylis and Steve Smith. New York: Oxford University Press, 1999.

Wenping, H (2007). "The Balancing Act of China's African policy", *China Security*, 3 (3).

Wikipedia, Africa-China Economic Relations

------------, Partnership

Williamson, John (2004). "A Short History of the Washington Consensus", presented at a Forum-CIDOB. Barcelona, Spain.

World Bank, *China 2030, Building a Modern, Harmonious and Creative High-Income Society*, 2012, p14.

Xiaofeng, Zhang (2009). "Sino-African Economic Cooperation: Achievements, Problems and Suggestions", in *Fifty Years of Sino-African Cooperation: Background, Progress and Significance.* China: Yunnan University Press, pp247–248.

Young, Robert (2001). *Post-colonialism: An Historical Introduction.* Oxford: Blackwell Publishers.

Yu, George T (1975). *China's African Policy: A Study of Tanzania.* New York, Washington, London: Praeger Publishers.

中非领导人共同出席非盟新总部落成典礼，2012 年 1 月。